JN410621

꽃샘

꽃샘

김복임 동화집

세종출판사

물의 여행

보이지 않는 그 줄기를 찾으러 오늘도 나는 헤맨다.

그 줄기가 무엇이기에 꿈길에서도 그곳을 찾다 돌아오곤 한다.

큰 강가에 서 보았다.

경호강 줄기를 따라 거슬러 올라가 보기도 하고

되돌아 그 강물과 함께 내려오기도 했다.

일곱 살 그 자리에 서 있었다.

바보야! 그것은 한 방울의 빗물이야!

네 집 앞 큰 산 덕두봉 꼭대기에 떨어진!

어릴 적 고향과 부모님을 떠나 살던 때 소녀적 감수성 때문인지 불면증에 시달렸다. 학교에서는 공부에 집중할 수가 없었다. 어린 생각에도 향수병이라는 진단을 내렸다. 〈알프스 소녀 하이디〉를 읽을 때 마음이 편해지기도 했다. 부모님이 보고 싶기도 하고 고향의 시냇가로 다시 돌아가고 싶었다. 그런 날은 낙동강 강둑에 오도카니 앉아있기도 하고 미루나무가 근위병처럼 서 있던 강둑을 걷기도 했다.

풀잎 같은 여린 마음이 작은 나무로 자랄 즈음 오빠와 함께 여행을 떠났다. 고향 마을 앞산에서 내려오는 작은 시내를 따라 떠나는 물의 여행이었다. 태어난 마을에서 바라보이는 덕두산과 삼봉산에서 흐르는 물, 아영에서 흘러온 풍천강, 운봉에서 내려오는 람천강, 지리산 골골의 물이 만나 함양을 지나 산청 경호강으로 모인다는 것을 알게 되었다. 경호강은 남강, 낙동강에 이르러 바다를 만난다. 부산에서 매일 만나는 수돗물이 내 고향 물줄기라는 사실은 대군을 얻은 것 같았다. 물의 여행을 통해 부산이 객지가 아닌 고향으로 여겨졌다.

60년 넘게 부산에서 살다 고향 시냇가로 다시 돌아왔다. 청청한 물줄기를 만나 그리웠던 덕두산을 바라보며 글을 쓰고 있다. 책상에 앉아 창문을 열면 덕두산 꼭대기에서 친구들의 수런거림이 들려오는 것 같다.

지리산의 맑은 물이 부산 낙동강까지 맑고 푸르게 흘러가는 꿈을 꾸고 있다.

맑은 물줄기가 샘솟는 지리산에서 태어난 일에 감사하며, 동심을 간직하며 살게 해주신 주님께 영광을 올려 드리고 싶다.

컴퓨터를 가르쳐주고, 그림도 그려주고, 동화를 쓰게 도와준 막내딸 향래에게 고마움을 전한다.

차 례

꽃처럼 피어나는 샘물 • 9

같이 먹을래! • 25

마음이와 아보레센스 • 33

삼봉아, 기다려! • 47

코딱지나물 • 61

빵 냄새 • 79

산을 넘어온 도롱뇽 • 95

흥부대박길을 나서다 • 109

꽃처럼 피어나는 샘물

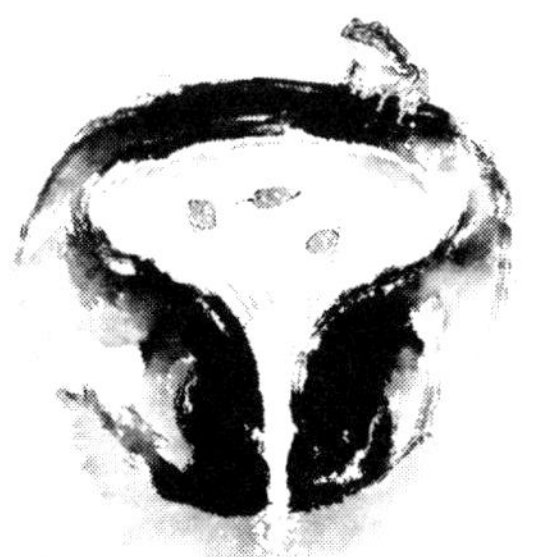

선이네 마을에는 바위틈에서 물이 솟아나는 맑은 샘물이 있습니다. 샘물에는 누가 그림을 그려 놓은 듯 파란 하늘도 보이고 흰 구름이 머물다 갑니다.

찾아오는 사람이 없을 땐 심심 한 듯 실개울로 흘러갑니다.

하늘에서는 펑펑 함박눈이 내리고 있습니다. 산과 들에는 흰 눈이 쌓이고 있습니다. 샘물에 떨어지는 함박눈이 사르르 녹아 사라집니다.

마을 어른들은 선달 그믐날이면 샘물 청소를 합

니다.

샘물 바닥에는 지난 가을에 떨어진 복숭아 잎들이 편히 잠을 자고 있습니다. 산에서 굴러온 솔방울도 토실토실 살이 올라 몰라볼 정도로 커져 있습니다.

어른들은 바짓가랑이를 동동 걷어 올리고 샘물에 들어가 물을 퍼내기 시작합니다. 흥부네 박보다 큰 바가지와 함지박으로 물을 퍼냅니다.

아이들은 신기하기만 합니다. 사내아이들은 뛰어다니고 여자아이들은 샘물 안이 궁금한 듯 고개를 숙이고 들여다봅니다.

어른들은 볏짚을 뭉쳐 바위틈에 끼인 푸른 이끼까지 깨끗이 닦아냅니다.

선이가 조심조심 주전자에 따뜻한 단술을 들고 왔습니다.

'아빠, 춥지 않으세요?'

선이는 아빠의 소매를 끌어당겨 손으로 마시라는 시늉을 합니다.

"언니는 어디가고 너 혼자 왔냐?"

아빠는 웃고 서 있는 선이를 보고 같이 웃어주었습니다.

"고맙다, 선이야. 네 덕에 몸이 녹는다."

샘물 청소를 하던 어른들은 선이가 가지고 온 단술을 마시며 칭찬을 합니다.

청소를 끝낸 어른들은 샘물이 마르지 않게 해달라고 빌었습니다.

깨끗해진 샘물은 고맙다고 인사를 합니다.

"퐁, 퐁, 퐁……."

바위틈에서 흘러나온 물줄기는 마치 꽃처럼 피어나고 있습니다. 샘에 물이 가득 차오르자 선이 모습이 거울처럼 비쳐졌습니다. 그 옆에는 잎이 떨어진 복숭아나무도 함께 서 있습니다. 또 다른 세상이 열리는 것 같았습니다.

선이는 샘물에 손을 살짝 담가보았습니다.

'아이 따뜻해. 누가 단술처럼 데워 놨을까?'

샘물에서 김이 모락모락 피어오릅니다.

"선이 손이 시릴까봐 내가 데워 놓았지. 가끔 놀러와!"

샘물이 속삭이듯 말했습니다.

'와 샘물이 말을 하네!'

추운 겨울이 지나 나무 가지에는 새순이 꽃처럼 피어나고 있습니다.

복숭아나무 가지에 분홍 꽃들이 참새 주둥이처럼 입술을 내밀고 있습니다.

선이는 몹시 쓸쓸합니다. 함께 놀아주던 덕이 언

니가 오늘부터 학교에 가기 때문입니다.

언니는 가슴에 손수건을 달고 무궁화 꽃이 그려진 빨강색 가방을 어깨에 메고 집을 나섰습니다.

엄마 손을 잡고 신작로 끝에 있는 학교 입학식에 갔습니다. 선이는 언니 뒷모습이 보이지 않을 때까지 구불구불한 신작로 끝자락을 바라봅니다.

선이에게 손짓으로 말을 걸어주는 언니가 고맙지만 오늘따라 왠지 언니가 미웠습니다.

혼자 마당을 빙빙 돌고 있을 때였습니다.

'아, 샘물이 놀러오라고 했지.'

선이는 단숨에 샘물로 달려갔습니다.

샘물 옆에 있는 복숭아나무에는 벌써 꽃이 활짝 피어 있었습니다.

'샘물아, 나도 언니처럼 학교에 갈수 있을까?'

"그럼, 갈 수 있지!"

'정말?'

"그래. 학교가고 싶을 땐 언제든 여기로 와."

'귀찮지 않겠어?'

"귀찮지 않아."

그때 복숭아 꽃잎 하나가 샘물에 똑 떨어졌습니다.

금세 선이의 볼에 복숭아 꽃물이 들었습니다.

'덕이 언니 줘야지.'

"덕이 언니 갖다 주려고? 덕이 언니는 참 좋겠다. 이런 동생을 두어서."

'덕이 언니가 복숭아꽃을 무척 좋아하거든.'

샘물은 부러운 듯 눈을 지그시 감았습니다.

선이는 샘가에 서서 신작로 끝자락을 바라보았습니다. 멀리 아이들이 하나 둘 보이기 시작했습니다.

선이가 신작로로 달려갈 때 은사시나무 새순이 반짝반짝 손을 흔들어 주었습니다.

'덕이 언니!'

"선이야!"

선이는 언니에게 복숭아 꽃잎을 건네주고 가방을 받아 어깨에 메었습니다.

"우리 학교에는 아직 안 폈는데, 어디에 피어 있드노?"

선이는 덕이 언니의 빨강 가방에만 정신이 팔려 있습니다.

어느 날, 선이가 징검다리를 지나 건너 마을에 놀러 가는 길이었습니다.

"너, 덕이 동생이지? 왜 말을 못해?"

아이들이 선이 귀에다 대고 고함을 질렀습니다.

"우! 우! 우리가 아무리 소리를 질러도 너는 아무 소리도 들을 수 없어."

"넌 학교도 갈 수 없는 바보야."

아이들이 크게 소리쳐도 선이는 들을 수가 없습니다.

뒤늦게 달려온 덕이 언니는 길에 주저앉아 울기만 했습니다.

"혼자 다니지 말라고 했잖아! 엉, 엉, 엉……."

'언니 왜 울어? 울지마.'

선이는 덕이 언니의 눈물을 닦아주며 고개를 갸웃거렸습니다. 덕이 언니가 왜 우는지 이해 할 수 없었습니다.

가만히 있어도 이마에 땀이 목을 타고 내려옵니다.

들에 다녀오신 엄마와 아빠께 선이는 샘물에서 길어온 시원한 물을 떠다드렸습니다.

"방금 떠 왔구나. 기특한 우리 선이."

선이는 아빠의 눈만 보고도 알아들을 수 있습니다.

엄마는 새벽마다 샘물을 길어와 부엌 선반에 올려놓고 기도를 드립니다.

"우리 선이 말문을 열게 해주세요!"

밤송이가 터질 무렵 엄마와 덕이 언니는 외갓집에 갔습니다.

선이는 단지에 샘물을 가득 채우고 아빠의 저녁 밥상을 일찍 챙겨드렸습니다. 그리고 샘물로 달려갔습니다.

'샘물아, 어제는 덕이 언니랑 밤을 주워 왔단다.'

"어디서 주었니?"

'우리 집 뒤란에 대나무 밭을 지나면 밤나무가 있어. 발갛게 익은 밤이 땅에 뚝 떨어질 때 언니 손이랑 내 손이 겹쳐지는 게 정말 재미있었어.'

"정말?"

'응! 내 머리 위로 밤송이 떨어질 때는 깜짝 놀랐어.'

"그래? 나도 선이처럼 밤을 주우러 가고 싶다."

"뭐라고?"

선이는 샘물의 말에 깜짝 놀라 자신도 모르는 사이에 입 밖으로 말이 튀어나왔습니다.

"너, 방금 뭐라고 했어?"

선이의 마음을 읽던 샘물이 귀를 의심했습니다.

"아! 내가 마, 마, 말을?"

"선이야, 방금 네 입에서 말이 튀어나왔어!"

선이와 샘물은 서로 놀라 어쩔 줄을 몰랐습니다.

“내, 내, 내일 같이 밤 주우러 가자.”

“선이도 참, 내가 어떻게 가니?”

“그렇지.”

잠자리 한 마리가 날개를 접고 샘물 옆 바위에 앉아 선이와 샘물이 하는 이야기를 듣고 있습니다. 잠자리도 기쁜지 샘물에 날개를 적시며 미끄러지듯 날아갑니다.

해님이 벌써 서쪽 산을 넘어갔는데 선이는 아직도 하고 싶은 이야기가 많은 모양입니다.

“샘물아, 나는 왜 그동안 말을 할 수 없었을까?”

“그건 나도 몰라. 하지만 사람들이 선이를 보면서 말을 하고 들을 수 있는 게 얼마나 감사한 것인지 알게 하려는게 아닐까?”

“……”

잠자코 듣고 있던 복숭아나무가 말했습니다.

“사람들은 내 말도 알아듣지 못해. 선이처럼 고운

마음을 가진 아이만이 우리들과 얘기할 수 있어."

"그래 복숭아나무의 말이 맞을 지도 몰라."

선이는 친구들의 칭찬에 얼굴이 붉어졌습니다.

선이에겐 샘물 친구들에게는 말하지 않은 비밀 하나가 있습니다.

덕이 언니와 밤을 주우러 가면, 선이가 덕이 언니보다 더 많이 줍는 답니다. 그럴 때면 언니는 샘을 냅니다.

"선이야, 네 밤 내게 줘. 내가 더 많이 주워야 된단 말이야."

덕이 언니는 무엇이든 동생 선이보다 잘 한다는 소리를 듣고 싶어 합니다. 친구들에게 이 말을 하고 싶었지만 그냥 마음 속 비밀 그릇에 담아두기로 했습니다.

해가 지고 하얀 달이 샘물 속에 내려와 선이를 보며 별들도 샘물 속에 내려와 얘기를 하고 있습니다.

"선이야, 나랑 친구하자."

"나도!"

"나도!"

달님과 별님이 계수나무 밑에서 떡방아를 찧던 토끼가 친구하자고 야단입니다.

"선이야, 나하고도 친구하자."

옆에 우두커니 서 있던 계수나무도 묵직하게 말했습니다.

"그래, 그래!"

선이는 친구들과 함께 신나게 춤을 추며 놀았습니다.

"꿀꺽, 꿀꺽……."

신나게 놀던 선이가 목이 말라 샘물을 마셨습

니다.

"아, 시원해!"

"컹, 컹, 선이가 말을 하네!"

검둥이가 눈에 파란 불을 켜고 샘가에 있는 선이에게로 달려왔습니다.

"컹! 선이야, 빨리 집으로 가자. 컹!"

선이는 친구들과 인사를 하고 검둥이와 집으로 달려왔습니다.

"아빠! 엄마!"

아빠와 엄마는 귀를 의심하며 선이의 입술에서 눈을 떼지 못했습니다. 선이의 말문이 처음으로 열렸기 때문입니다.

선이와 눈을 맞춘 아빠의 눈에서 샘물이 꽃처럼 피어납니다.

같이 먹을래!

겨우내 눈으로 뒤덮였던 삼봉산 꼭대기에 눈이 녹기 시작했어요.

산밑에는 연둣빛 새싹이 돋아나고 있어요.

사과밭에는 사과꽃이 새 주둥이처럼 입술을 내밀고 있어요.

할머니 집에는 눈처럼 하얀 털을 가진 마음이와 송아지처럼 누런 삼봉이가 함께 살고 있어요.

마음이는 14살이나 되지요. 이웃집 아저씨는 마음이를 '어르신'이라고 불러요. 삼봉이는 지난 겨울

태어나 엄마 젖을 뗄 무렵에 할아버지 품에 안겨 왔어요. 뒷산 이름이 삼봉산이라 삼봉이라 불러요. 새끼 고양이만 하던 삼봉이는 6개월이 지나자 작은 송아지만 하게 컸어요. 마음이는 나이는 많아도 덩치는 삼봉이 동생처럼 보여요. 삼봉이 몸무게의 절반 정도니까요. 몸무게가 궁금하다고요? 삼봉이는 25키로, 마음이는 13키에요. 삼봉이는 덩치만 크지 아직은 천방지축 강아지예요.

할머니와 나는 봄나물을 뜯으러 가는 길에 마음이는 집에 두고 삼봉이만 데리고 가기로 했어요. 마음이는 나이가 들어 산길을 걸어 다니는 게 힘이 들어요. 내리막길을 내려갈 때는 한쪽 다리를 절뚝절뚝 깨금발 하는 모습이 안쓰러워요. 오르막을 올라올 때는 가쁜 숨을 몰아쉬면서 힘들어해요.

마음이가 보면 우리를 따라오려고 할 것 같아서

할아버지가 간식을 가지고 마음이를 사과밭으로 데려갔어요. 마음이의 뒷모습을 확인하고 우리는 집을 살짝 빠져나왔어요.

논둑을 지나 계곡 있는 곳으로 왔어요. 나는 아기 손 같은 고사리를 꺾고, 할머니는 취나물과 머위잎을 뜯었어요. 한참이 지나 삼봉이가 배가 고플 것 같아 주머니에 넣어 온 막대 간식을 하나 주었어요. 간식을 주고는 다시 고사리를 열심히 뜯었어요. 한참 지나고 돌아보니 삼봉이가 보이지 않았어요.

"선아야, 삼봉이가 안보인다!"

"정말요?"

할머니도 깜짝 놀라고 나도 놀라 정신이 없었어요.

할머니와 나는 두 손으로 손나팔을 만들어 큰 소리로 불렀어요.

"삼봉아! 삼봉아!"

높은 삼봉산은 우리가 부르는 소리를 듣고 메아리로 대답했어요.

"삼봉아! 삼봉아!"

혹시 멧돼지에게 물려갔나 별생각이 다 들었어요. 조금 전에 멧돼지가 땅을 팠던 흔적도 보았거든요. 한참을 목이 터져라, 부르고 있는데 멀리 논둑길에서 누런 삼봉이가 달려오고 있었어요. 얼마나 당당하게 달려오는지 그 몸에서 느껴지는 기세가 개선장군처럼 보였어요. 삼봉이 뒤에는 마음이가 흰꼬리를 궁둥이에 붙이고 따라오고 있었고요.

나는 마음이와 삼봉이를 마중하러 언덕 위로 달려갔어요. 달려오는 삼봉이 입에는 아직도 막대 간

식이 입에 물려있었어요.

"삼봉아, 좋아하는 간식을 왜 안 먹고 있니?"

그래도 삼봉이는 꼬리를 살랑거리며 먹지 않았어요.

"삼봉아, 왜 간식을 입에 물고 있노?"

할머니도 궁금한지 물어보았어요.

삼봉이는 간식을 꼭 물고 나를 쳐다보며 꼬리를 흔들었어요.

뒤늦게 절뚝거리며 도착한 마음이는 삼봉이 입에 물려있는 막대 간식만 쳐다보았어요.

"아이구… 우리 먹보! 마음이 줄 간식이 있나?"

"네, 할머니!"

다행히 내 주머니에 똑같은 간식이 하나 더 들어있었어요. 얼른 꺼내 마음이에게 주었어요. 마음이는 막대 간식을 허겁지겁 먹기 시작했어요. 그제야 삼봉이도 입에 물고 있던 간식을 땅에다 내려놓고 엎드려서 천천히 먹기 시작했어요.

“삼봉이가 맛있는 간식을 같이 먹자고 마음이를 데리고 온 거로구나!”

편한 얼굴로 간식을 먹는 삼봉이는 귀공자 같았어요. 먹보 마음이와 삼봉이는 달라도 너무 달라요.

봄햇살이 삼봉이와 마음이 등에 선물처럼 내려왔어요.

마음이와 아보레센스

내가 종려나무 집에 처음 왔을 때, 이 집 식구들은 나를 마음이라 불렀어요.

산책하러 나가면 온몸에 흰털이 감싸고 있어 어떤 아저씨는"백구야"하고, 또 어떤 아주머니는"흰둥아"하고 불러요.

모란꽃이 아기 얼굴만 하게 피어나는 날이었어요. 주인아줌마는 꽃을 쳐다보고 있는 나를 보고

"마음이는 철학자 같다. 우리 마음을 들여다보는 것 같아."

철학자라는 말을 이해하지 못해도 기분이 좋았어요.

"마음아 안녕! 난 종려나무야."

소리 나는 곳으로 얼굴을 돌렸어요. 큰 부챗살 같은 잎을 둥그렇게 펼쳐진 나뭇잎이 손을 내밀며 인사를 하고 있어요.

" 안녕! 난 아이비야."

키 큰 종려나무 줄기를 감고 오르던 아이비가 덩굴손을 흔들며 말했어요.

계단 위 화분에는 아보레센스라는 화분이 자라고 있어요. 주인아줌마는 아보레센스가 아주 귀한 식물이고 먼 남아프리카 희망봉이 고향이라고 했어요. 이름이 너무 길어서 그냥 '센스'라고 부르기로 했어요.

내가 처음 왔을 때, 계단이 무서워서 테라스에서 쉬도 하고, 응가도 해버렸어요.

"계단을 못내려가서 마음이가 여기서 실수를 하는구나!"

아줌마가 두 다리를 잡고 한 계단식 내려오는 연습을 시켜 주었어요. 처음에는 다리가 후들후들 떨렸어요. 뒷다리는 계단을 딛고 앞다리는 아줌마 손을 잡고 내려오지만 떨어질 것 같아 두려웠어요.

정원까지 내려온 다음 다시 계단을 오를 때는 혼자서도 할 수 있겠다는 자신감이 생겼어요.

깜깜한 밤이 왔어요. 아무도 없는 시간에 쉬가 하고 싶어 계단을 내려가기로 했어요. 떨어질까 봐 가슴이 두근거렸어요. 한 계단을 내려가자

"잘한다. 계속 내려가. 마음아, 할 수 있어!"

깜짝 놀라 뒤를 돌아보니 센스가 등 뒤에서 큰 소리로 응원을 해주었어요. 순간 얼굴이 화끈 달아올랐어요.

내 속마음을 들킨 것 같아 부끄럽기도 했어요. 얼마전 까지 나는 센스가 무서웠어요. 센스의 잎은 끝이 뾰족한게 꼭 나를 찌를 듯이 서 있는 것 같아 두려운 생각이 들었기 때문이에요.

센스 생각을 하다 언제 계단을 내려왔는지 마당에서 볼일을 보고 나니 어깨가 으쓱해졌어요. 그런데 올라갈 일이 꿈만 같았어요. 계단에 앞발을 올려놓고 바둥거리고 있을 때였어요.

"마음아, 먼저 앞발을 계단에 올리고 고개를 들고, 뒷다리로 땅을 세차게 치고 올라와 봐."

센스가 선생님처럼 말했어요.

'그래 해 보자'

한 계단, 두 계단 올라갔어요.

"마음이 잘한다."

종려나무, 아이비, 담쟁이, 향나무가 응원해준 덕에 테라스에 있는 집까지 무사히 올라왔어요.

그 일이 있고 부터 마당에 있는 나무들이 가족 같았어요.

"우리 마음이가 쉬도가리고, 응가도 가리고 기특하다, 기특해."

아줌마의 칭찬에 내 꼬리는 살랑살랑 흔들렸어요.

내 엉덩이에는 동전만 한 상처가 자리 잡고 있어요. 동물병원에 가서 주사도 맞았어요. 주사를 맞을 때 얼마나 놀랐는지 폴짝 뛰어내리고 싶었어요. 아줌마는 병원에서 가져온 약도 먹여주고 연고도 발라 주었어요.

"마음아, 이리와 약 바르자. 왜 이렇게 진물이 날

까?"

내 상처가 아줌마의 걱정거리가 되었어요.

"녀석아 제발 연고 바른 곳을 혀로 핥지 마라. 약이 얼마나 독한데."

아줌마의 잔소리에도 간질간질하는 상처에 혀를 대고 핥는게 고쳐지지 않아요.

땀이 뻘뻘 나는 여름이 돌아왔어요. 아줌마는 아보레센스 가지 하나를 뚝 잘랐어요.

"마음아, 이리 와봐. 우리 마음이 엉덩이에 알로에를 발라보자."

잘린 아보레센스 잎에서는 푸른 물이 흘렀어요. 아줌마는 잎을 반으로 자른 후 내 상처에 발라주었어요. 처음에는 발버둥을 쳤어요. 조금 지나니 가렵고 후끈거렸던 자리가 시원해지는 것 같았어요.

"센스야, 미안해!"

"괜찮아. 내 잎은 잘라도 계속 나온단다."

"그렇구나. 센스야, 정말 고마워! 내 상처도 시원하게 해주고."

"마음아, 그동안 많이 힘들었겠다. 빨리 낫길 바래."

"응, 고마워 센스야!"

센스는 날카롭게 보여도 마음은 부드럽다는 것을 알았어요.

우리 동네 뒷산 엄광산이 색동옷을 갈아입었어요.

아줌마와 함께 산을 오르는 날은 구름 위를 날아가는 것처럼 뛰어다닐 수 있어요.

오솔길에는 노랗고 빨강 단풍잎들이 작은 엽서처럼 쌓여있었어요.

"까꿍! 우리 마음이, 단풍잎에 빠져 얼굴이 보이

지 않네."

단풍 더미에 온몸이 다 묻혔어요. 그럴 땐 머리를 흔들며 단풍 더미에서 헤엄치듯 헤쳐나왔어요. 신이 나서 컹컹 짖었어요.

산책을 하고 집에 돌아와 쉬는 날은 온몸이 나른해서 낮잠도 잘 잤어요.

별이 반짝이는 저녁이었어요. 그런 날은 애꿎은 고양이를 보고 짖어대고 하늘에 떠 있는 달을 보고 짖어대요.

"마음아, 그만 잠 좀 자자. 이웃 사람들 다 깨겠다."

아줌마가 안으로 들어가고 나면 나는 더 크게 짖었어요.

'컹! 컹! 마음이 좀 살려 주세요. 가려워서 못 살겠어요!'

아침이 되자 아줌마는 밖으로 나왔어요.

"마음아, 너 밤에 잠도 안 자고 왜 이러니?"

내 상황을 전하기 위해 아줌마 다리에 엉덩이를 붙이고 몸을 흔들었어요.

아줌마는 내 몸을 살살 쓰다듬다 깜짝 놀랐어요.

"아니 이게 뭐야?"

그제야 아줌마가 내 몸에서 진드기를 발견했어요.

"큰일 날 뻔했구나. 산에서 진드기가 묻어왔나 보네."

아줌마는 나를 따뜻한 햇볕이 비추는 곳에 눕혀 두고 털을 뒤지며 진드기를 다 잡아 주었어요. 기분이 좋았어요. 내 발톱으로 가려운 곳을 긁어 상처가 난 곳이 많았어요. 아줌마는 센스 가지를 뚝 잘라 상처에 발라 주었어요. 가렵던 피부가 시원했어요.

봄, 여름, 가을이 지나자 마음도 몸도 많이 자랐

어요.

마당에 나뭇잎들이 떨어지고 추운 겨울이 돌아왔어요.

외투도 입지 않고 밖에 나갔다가 돌아온 아줌마는 문만 빼꼼 열고 내다 보았어요.

"아이 추워! 마음아, 춥다 어서 집에 들어가서 자라!"

식구들이 모두 잠든 밤이었어요.

"아…. 추워…. 마…. 음아……."

어디서 내 이름을 부르는 것 같았어요.

"누구지?"

웅크리고 누워 있던 나는 마당을 둘러보았어요.

그 작은 소리는 바들바들 떨고있는 센스였어요.

"센스야, 어디 아프니?"

"추워!"

"나뭇잎을 덮어줄까?"

“너무 추워, 죽을 것 같아! 마음아 나를 좀 감싸주면 안 되겠니?”

나는 암탉이 병아리를 품듯 센스의 화분 위로 올라가 몸을 동그랗게 말았어요.

센스의 가지가 내 배를 찔렀지만 참을 수 있었어요.

한참 동안 센스를 품어 주었어요.

“마음아 이제 살 것 같아. 고마워 네 털이 이렇게 따뜻한 줄 몰랐어!”

따뜻한 지역에서만 살았던 센스는 추위가 제일 무섭다고 했어요.

“마음아, 떨어진 내 잎을 센스에게 덮어줘!”

목련나무가 말했어요.

목련나뭇잎을 물어서 센스에게 덮어주었어요.

“마음아, 목련 나뭇잎은 너무 커. 담쟁이잎을 덮

어줘."

향나무가 말했어요.

담쟁이잎처럼 작은 잎이 추위을 막기에 더 좋았어요. 한 잎 가득 담쟁이 잎을 물어다 덮어주었어요.

센스는 뾰족한 잎만 조금 보였어요.

"센스 숨 막히겠다!"

마당에 서 있는 나무들이 한마디씩 하느라 바빴어요.

떠들썩하던 마당이 조용해지고 새날이 밝았어요.

"어쩌나, 밤새 동장군이 기습했나봐! 화분들이 다 얼어버렸네. 여보 빨리 나와봐요!"

아줌마는 화분들을 살피느라 정신이 없었어요.

"추워지기 전에 창고에 넣었어야 했는데."

아줌마는 때늦은 후회를 했어요.

"이것 좀 봐요. 아보레센스 화분에 낙엽들이 덮여

있어요."

"누가 나뭇잎을 이렇게 덮어주었을까? 아보레센스만 얼지 않고 살아있네."

"아보레센스가 추위에 가장 약한 식물인데 신기하네요."

아줌마와 아저씨가 센스를 따뜻한 창고에 넣어두시는 걸 보고 나는 잠이 들었어요. 마당에 있는 나무들도 입을 다물었어요.

삼봉아, 기다려!

삼봉아! 너를 다른 집에 맡기려고 가는 일이 믿어지지 않아, 내 손을 살짝 꼬집어보기도 했어, 할아버지 손에 목줄이 잡혀서 엉덩이를 샐룩거리며 올라가는 너는 철부지 같았어. 그 모습을 바라보며 가슴 한복판에 무거운 돌이 하나 얹힌 것 같았어.

아저씨를 만나기로 한 장소에 도착하니 아저씨가 먼저 와서 기다리고 있었지. 아저씨의 눈빛이 아주 부드러웠어.

"삼봉이 제가 잡고 갈까예?"

아저씨가 삼봉이 줄을 잡으니 우리 식구에게 대하듯 반항 없이 그냥 산길을 따라 올라갔어. 네가 낯선 사람을 경계하지 않아 마음이 놓였지.

산속에 사는 아저씨 집을 올라가는 길은 어두워지고 있었어. 할아버지는 핸드폰으로 아저씨는 손전등으로 길을 밝히고 올라가는 길은 힘들었어. 내 마음도 밤길처럼 어두워지고 두렵기 시작했어. 아저씨 집은 어디쯤일까. 끝이 없는 길처럼 느껴졌어.

네가 처음 사과밭에 왔을 때는 새끼고양이만 했었지. 6개월이 지나면서 키가 크고 몸집이 커지더니 이제는 어미 고라니 만하게 자랐지. 그러다 보니 너를 풀어놓을 수가 없었지. 사과밭 둑에 쇠막대기를 양쪽 끝에 박아두고 긴 줄을 매서 너를 묶어두었지. 신났을 때 그 쇠줄을 타고 달리기하듯 노는 모습이 보기에 좋았어.

어쩌다 목줄이 풀린 너는 거침없이 사과밭을 지나 들로 산으로 내달리곤 했어. 그런 날은 식구들은 네가 달리는 방향을 향해 손나팔을 불어댔지.

"삼봉아! 삼봉아! 어서 돌아와!"

삼봉산은 그 소리에 대답하듯 메아리가 되어 돌아왔어. 네 이름을 그렇게 불러대도 너는 못 들었는지 흔적도 없었지. 마음대로 뛰어다니다 지칠 대로 지치면 그제야 돌아오곤 했지. 네가 얼마나 자유롭게 뛰어다니고 싶었으면 그랬을까! 이해는 되지만 사람들이 주인인 세상에서 너를 자유롭게 뛰어다니게 할 수 없는 게 안타까울 뿐이지.

네가 목줄이 풀리면 이웃집 닭장에 가서 닭을 물고 와서 닭값을 계산해 준 적도 여러 번 있었지.

네가 덩치가 작았다면 어디든 뛰어다니고 묶이지 않아도 될 텐데, 이런저런 생각이 머리에서 떠나지 않는다.

할아버지가 사과 농사를 지으면 너랑 함께 있어도 되겠지만, 할아버지가 연세가 많아 올해부터는 다른 사람에게 사과밭을 맡기게 되었어. 사과밭에 일하는 일꾼들이 크게 짖어대고 몸집이 큰 너를 무섭다고 야단이니 어떻게 할 수가 없었던 거야.

어쩔 수 없이 너를 다른 곳으로 보낼 수밖에 없었어.

산속에 혼자 사는 영철 아저씨는 개 한 마리와 돼지를 키우며 산다고 했어. 밤에 멧돼지나 산 짐승들이 내려오기 때문에 듬직한 개를 키우고 싶었는데 삼봉이 얘기를 들은 거야.

"이 산은 도토리가 많은 산이라 갈산이라고 합니더. 삼봉이가 적응하면 이 산을 신나게 뛰어다닐 겁니더!"

"정말요! 우리 삼봉이 소원이 이루어지겠다!"

나도 모르게 이런 말이 튀어나왔어. 엉덩이를 흔

들며 꼬리를 흔들며 올라가는 네 모습이 신나 보였어.

할아버지는 힘이 드시는지 한쪽 팔로 허리를 잡으며 올라가셨지.

"선아야 걸을 만하나?"

나를 걱정하는 할아버지가 나보다 더 힘들어 보였어.

그러고 보니 삼봉이가 우리 집에 온 지 2년이 지났네. 상우리에서 좀 떨어진 황이 마을 사과밭에서 태어난 너는 아빠는 진돗개, 엄마는 잡종이라고 들었어. 할아버지가 황이 마을에 갔다가 너를 보는 순간 데려오고 싶었던 거야. 우리 집에는 12살 마음이가 있었지. 그때 마음이는 심장사상충을 앓고 난 후 건강상태가 좋지 않았지.

네가 온 날, 엄마 젖을 막 떼고 보송보송한 네 모

습은 누구라도 반할 정도였지. 차에서 안아 내리는 순간 할아버지 품을 빠져나간 너는 사과밭 고랑을 달려갔지. 어린 강아지라 발도 짧고 덩치도 아주 작았지만 얼마나 잘 달리는지 내가 잡을 수가 없었어. 이름을 불러야 하는데, 저녁노을이 붉게 물드는 시간이라 "노을아!" 하고 불렀지. 내 소리가 작았는지 들은 척도 안하고 달려갔어. 갑자기 수놈이라는 생각이 났어. 밭에서 바라보이는 삼봉산이 바라보이길래 "삼봉아!" 하고 크게 불렀지. 너도 놀랐는지 뒤를 돌아보다 할아버지에게 잡혔지.

내 품에 꼭 안긴 그날부터 넌 내 친구가 되었지. 그 작은 강아지가 어느새 커서 긴 다리를 쭉 펴고 사슴처럼 걸어가는 네 모습이 의젓하기만 했지.

어두운 길을 올라가니 비닐하우스로 지은 농막이 보였어.

"여기가 전에 염소 키우던 곳인데 당분간 삼봉이가 있을 곳입니다."

하며 아저씨가 너를 데리고 들어가려고 하자, 지금까지는 고분고분하던 네가 반항하듯 힘을 주기 시작했어.

"선아야, 우리도 함께 들어가자. 삼봉이가 무서워하니."

할아버지가 내 등을 밀며 안으로 들어가자 삼봉이도 따라 들어 왔지. 농막 안에는 돌이 많고 불을 피운 흔적이 보였어. 그곳에 쇠창살에 삼봉이 쇠줄을 걸어두고 문을 닫고 나오는 순간 나는 그 자리에 주저앉고 싶었어.

"영철 씨도 오늘 온종일 일하고 쉬어야 하는데. 선아야, 우리는 이제 내려가자."

머뭇거릴 여가도 없이 할아버지와 함께 밖으로 나왔어. 농막을 나오는 순간 삼봉이 눈이 내 눈과

마주쳤어. 얼른 얼굴을 돌리고 어두운 산을 바라보며 네 눈을 피하고 말았어.

손전등으로 불을 밝히며 영철 아저씨는 우리를 안내하며 먼저 내려가고 있었지. 무거운 발을 내디디며 걷고 있는데, 갑자기 네가 짖기 시작했어.

컹! 컹! 갈산에 도토리 열매가 다 떨어질 듯이 울리는 소리에 더 걸을 수가 없었어.

"할아버지, 삼봉이 한 번만 안아주고 오면 안 돼요?"

가슴에서 뜨거운 김이 나오는 듯 숨이 막히기 시작했어.

어두운 길을 숨이 차게 뛰어 올라갔을 때, 너는 쇠줄을 끌고 펄쩍펄쩍 뛰며 나를 향해 짖고 있었지.

나보다 몸이 더 큰 삼봉이 너는 내 키보다 높이 뛰어오르며 두 발로 나를 감싸 안았지. 나도 두 팔로 네 목을 안았어.

"삼봉아! 잘 지내고 있으면 누나가 데리러 올께! 할아버지도 약속했어!"

작년에 엄마 아빠가 멕시코로 선교를 떠나던 그 날도 이렇게 슬프지는 않았지. 꼭 돌아오실 거라 믿으니까!

삼봉이 네 이름을 부르며 작은 소리로 너를 달랬어.

가쁜 숨을 헐떡이던 네가 조금 진정되기 시작했어.

너를 어두운 산속에 두고 터벅터벅 내려오는데 아저씨가 할아버지에게 얘기하는 소리가 들렸어.

"어르신 이제부터 개고기 자시지 마이소. 어르신은 육식이 해롭습니더! 옛날에야 먹을 게 귀해서 키우던 개도 잡아먹고 했지만."

"나는 개를 키우고부터 보신탕을 먹지 않은지 오래되었소. 영철씨, 우리 삼봉이를 잘 부탁해요.

삼봉이가 잘 적응하기를 바랄 뿐이요."

할아버지는 가져온 삼봉이 사료를 아저씨에게 건네주었어.

"삼봉이 그 억센 녀석이 영철 씨에게 고분고분한 게 참 이상하네. 개를 다루는 신통한 능력이 있는 건 아니요?"

"그리 보셨다면 다행스럽네예! 진심으로 대해 주려고 합니더."

큰길을 내려와 아저씨와 인사를 하고 할아버지 차에 타고 집으로 돌아오는 길에 아무 말도 할 수

가 없었지.

"삼봉이 뒷감당을 못 하게 되어 미안하다! 이름을 지어 주었으면 끝까지 지켜야 하는데…."

할아버지 안경 너머로 물기가 어리기 시작했어.

할머니가 부산 고모 집에 가신 틈을 타 삼봉이를 영철 아저씨에게 데리고 온 할아버지의 작전에 나도 놀랐어.

"선아야. 오늘 애썼다. 사람이나 짐승이나 환경에 적응하게 되어 있는 거야. 너도 이렇게 잘 견디고 있지 않니!"

할아버지의 두툼한 손이 오늘은 무척 부드럽게 느껴졌어.

오늘 밤은 비바람이 태풍급으로 분다는 예보를 들었어. 네가 묶여있는 갈산 농막에도 바람이 많이 불겠지.

사과밭 언덕에서 줄을 타고 뛰어다니다 쉬고 싶으면 풀숲에 고개를 묻고 편안히 자던 네 모습만 생각하고 싶다. 내가 마술을 부릴 수만 있다면 삼봉이 덩치를 작게 만들어 너를 집으로 다시 데려오고 싶은 마음뿐이다.

코딱지나물

남쪽 창문을 열면 오월의 푸른 보리밭 같은 바다가 펼쳐지고 있어요. 북쪽 창문을 열면 구봉산이 바라보여요.

"승아, 봄 냄새가 솔솔 들어오는 것 같재?"

"……"

"오리나무꽃이 예쁘재. 어미 오리가 새끼들을 데리고 소풍 가는 것 같다. 할미 눈에는!"

할머니는 나무에 주렁주렁 매달려 있는 오리나무

꽃이 오리 가족으로 보이나 봐요.

우리 집은 동네 맨 꼭대기에 있어요. 창문을 열면 작은 집들이 어깨동무를 하고 있어요. 넓은 바다에는 배가 들어오기도 하고 떠날 준비도 하는 게 보여요, 오늘이라도 아빠가 배를 타고 돌아올 것 같아 하루에도 몇 번씩 바다를 바라보곤 해요. 잔잔한 바다를 보면 아빠를 붙잡아두고 있는 것 같아요. 태풍이라도 불면 아빠가 돌아오실까 하는 생각이 들 때도 있어요. 기다리는 아빠는 소식도 없고 시원한 대답을 해주지 않는 할머니와 엄마가 무심하기만 해요. 늦게까지 일하고 셀 수도 없는 계단을 올라오는 엄마에게 아빠 얘기를 꺼낼 수가 없어요.

"할머니, 아빠는 왜 소식이 없노?"

먼바다를 바라보다 불쑥 한마디 하고 말았어요.

"니는 또 그 소리고! 사내자식이 마음이 여려서."

"……"

"그놈의 돈이 뭔지, 승이 할아버지가 병원 신세를 오래 지다 보니 애비가 허리를 펼 수 없었재."

"아빠는 글도 잘 쓰면서 왜 편지 한 장 없노!"

"네 애비 곧 올끼다."

할머니 목소리에 쉰 소리가 나는 것 같았어요.

괜히 할머니 마음을 건드렸나 싶어 입을 다물고 말았어요.

4학년이 시작되고 새 담임선생님이 오셨어요. 만난 적이 있는 얼굴처럼 다정하고 편한 모습이었어요.

"여러분, 일주일에 한 번씩 도서관에서 책을 빌려서 읽도록 해요."

숙제를 많이 내주지 않는 대신 일주일에 책 한 권씩 읽으라는 선생님은 아빠를 닮은 것 같아요. 선생님을 보면 아빠가 더 생각나요.

학교 수업이 끝나면 친구들은 학원을 가느라 함께 놀 친구도 없어요. 집으로 돌아오는 길에 빨강 우체통 옆에 서 있는 영미를 만났어요.

"영미야, 여기서 뭐해?"

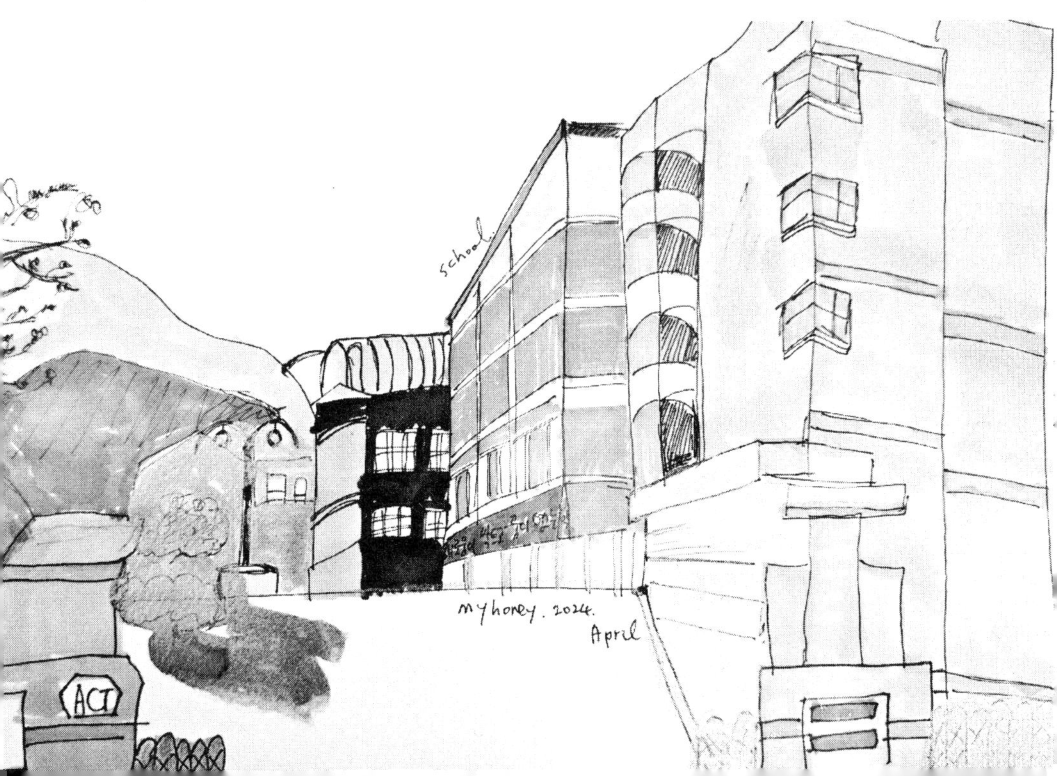

"승아, 우리 동네 우체통 생긴 거 몰랐재? 여기다 편지를 넣으면 일 년 후에 도착한대."

바다가 한눈에 바라보이는 곳에 서 있는 빨강 우체통은 내 키만 해요. 이곳에 오면 편지를 쓰고 싶은 생각이 들어요.

"승아, 나는 엄마에게 편지를 보내고 있어."

"정말?"

"엄마가 내 편지를 읽으면, 꼭 돌아올 것 같은 생각이 들어"

"그러면, 얼마나 좋겠어."

영미처럼 아빠에게 편지를 쓰고 싶었어요.

주소는 모르지만, 아빠에게 내 마음을 전하고 싶었어요.

'아빠 이번 겨울은 제가 태어나서 제일 추웠어요. 4학년 담임선생님이 아빠를 많이 닮은 분이라 괜히 마음이 두근거리는 것 같아요. 멀리 중앙도서관이 보이는 길에 서 있으면

"승아! 우리 도서관에 책 빌리러 가자." 하던 아빠 목소리가 들리는 것 같아요.'

발끝만 쳐다보며 걸었어요. 산밑에 허리를 숙이고 앉아 있는 할머니가 보였어요.

"할머니 추운데 뭐하노?"

"우리 승이, 벌써 왔나."

"할머니, 이거 길에 많이 나는 풀이네."

"이거 코딱지 나물이다."

"뭐라꼬? 코딱지 나물!"

"억수로 추운 겨울 지나고, 퍼런 속을 보이고 나

온 거 봐라. 춥다는 말 한마디 하지 않고."

"나물 이름이 와 그렇노. 추접구로!"

"이파리를 봐라. 잎이 쪼글쪼글 한기 옛날 아들 코 밑에 말라붙은 코딱지같이 생깃다 아이가. 할미는 승이가 코딱지 나물처럼 강하게 살면 원이 없겠다."

"……"

할머니는 나물이 귀한 겨울에 코딱지만 한 나물이 없다고 하시며 귀한 물건 다루듯 하셨어요. 바다 빛을 닮은 나물은 반가운 손님처럼 보였어요. 할머니는 끓는 물에 소금을 조금 넣고 냉이 나물을 살짝 데치고, 코딱지 나물도 데쳤어요. 냉이 나물은 된장국을 끓이고, 코딱지 나물에는 고추장, 된장, 깨소금, 참기름을 넣어 조물조물 맛있게 무치셨어요.

“승아, 이거 한번 묵어봐라.”

싫다는 말이 나오기도 전에 한입 넣어주셨어요.

“밥하고 먹으면 맛있겠다.”

“그래, 에미 오면 같이 저녁 먹자.”

“할머니, 오늘도 박스 주었나?”

“아이구, 승이가 웬일고. 할미 일하는 걸 다 묻고. 그래도 그기 운동이 되는가, 허리가 덜 아프다.”

“할머니, 너무 힘들게는 하지 마이소.”

“아이고 기특하데이!”

할머니는 유모차를 끌고 산복도로 위를 다니며 폐지나 박스 줍는 일을 하고 있어요. 운동 삼아 하는 일이라고 자랑삼아 말하는 할머니는 코딱지 나물을 닮았다는 생각을 했어요. 코딱지 나물에 구수한 된장국으로 저녁을 먹을 생각을 하니 입에 침이 고였어요.

"승아, 엄마 왔다."

"엄마, 이제 오나. 할머니가 코딱지 나물 무쳐놨다."

"와, 코딱지 나물 맛있겠다! 제가 처음 집에 왔을 때 어머니께서 해주신 나물이에요."

"그랬더나! 추운 겨울에, 제일 먼저 고개를 치켜들고 나오다 보니 손에 잡힌 나물이제."

할머니는 나물을 얹어 몇 숟갈 드시다, 옛날 생각이 나신 것 같았어요.

"그때 할미가, 승이 나이쯤 되었을까…. 피난 온 첫해 부모님은 국제시장에 날품을 팔러 가고 저녁밥을 준비하는데 반찬 할기 없는 거라. 지금이야 세상이 좋아져서 취나물이나 쑥도 나오고, 안 나오는 기 없는 시상 아이가. 하지만 그때는 묵은김치 하나도 귀할 때였지. 이웃에 할머니가 소쿠리에 나물을 캐고 있길래 물었재. 묵어도 되는 나물이라고 하길래, 눈이 퍼뜩 띄더라."

"어머니는 승이 나이에 밥도 해 드셨어요?"

"밥만 해 먹었겠나! 빨래도 하고."

"승아, 지난번 '국제시장' 영화 봤다 아이가. 처음 장면이 바로 할머니가 피난 나오던 그대로 인기라. 그보다 더하면 더했제. 사람들 틈바구니에서 남자들은 배 가장자리에, 여자들은 그 안쪽에, 아이들은 맨 가운데 들어가게 했지. 그때를 생각하면 지금은 추운 것도 아이다."

"맞다! TV에서 본 북극 황제펭귄들이 '허들링' 하면서 추위를 견디는 것을 본 적이 있어요."

"맞다, 나도 그 장면을 보고 마음이 찡하더라! 누가 시켜서 그리하겠노!"

엄마도 맞장구를 치며 할머니 손을 만지작거렸어요. 오랜만에 우리 집은 난로를 피운 것처럼 훈훈해지는 것 같았어요.

북극의 펭귄들이 서로의 체온으로 극한의 추위를

견디듯 할머니가 탄 배도 모진 칼바람을 이기며 남쪽 거제도에 도착했다는 얘기는 감동이었지요. 엄마는 그 일을 '크리스마스의 기적'이라고 얘기했어요.

"코딱지 나물은 마치 보초병 같은기라, 바위틈에서도 나오고, 담벼락에도 붙어서 억척같이 살아가는 모진 생명이라."

"저는 어머님 표 코딱지 나물이 제일 맛있어요."

엄마의 말이 끝나기가 무섭게 나도 엄지손가락을 치켜들고

"코딱지 나물을 산복도로 최고의 나물로 추천합니다. 땅! 땅!"

"우리 승이가 웃으니 할미도 기분이 좋데이. 웃는 얼굴이 지 애비 판박이다.

우리 식구들이 견딜만한 힘이 있으니 힘든 일도 겪게 하는 거 아니겠나."

우리 집은 내 말에 따라 봄바람이 불기도 하고, 찬 바람이 불기도 해요.

맛있는 밥상을 보면 아빠가 생각나요. 이 자리에 아빠가 함께 있다면 세상에 부러울 게 없는 우리 집이에요. [국제시장] 영화를 보고 우리 동네가 영화에 나와서 깜짝 놀랐어요.

큰 숨을 쉬며 아빠에게 마음으로 쓰는 편지를 창문으로 날려 보냈어요.

어제 할머니가 말한 나물 이름이 맞을까 궁금해서 선생님께 물어보고 싶었어요. 마침 화단에 코딱지 나물이 소복하게 자라고 있었어요. 작은 줄기 하나를 잘라서 선생님께 가져갔어요.

"선생님, 이 식물 이름이 뭐예요?"

"승이구나. 선생님도 잘 모르겠는 걸, 나중에 알려주마."

선생님께서는 이른 봄에 우리 주위에 자라는 식물 이름을 알아 오라는 숙제를 내주셨어요. 식물도감을 보고 우리 학교와 주변에 보이는 식물 이름을 찾아보았어요. 제비꽃, 민들레, 꽃다지, 수선화 등 많은 식물을 알게 되었어요.

다음 날 선생님이 코딱지 나물을 들고나오셨어요.

"여러분, 이 식물 이름 아는 사람 발표해보세요."

손을 드는 친구가 한 명도 없었어요. 손들고 싶지만 아무리 그래도 코딱지 나물이라고 말하기가 싫었어요. 코를 훌쩍이는 내가 그 이름을 말하면 친구들에게 놀림감이 될 것 같았어요.

그래도 용기를 내서 대답해볼까 망설이고 있는데 영미가

"선생님, 승이가 이름을 알고 있는 것 같은데예."

하는 바람에 엉겁결에

"코…. 코딱지 나물!"

이라며 얼버무렸어요. 그 순간 와! 와! 하는 고함소리와 웃음소리가 나며 친구들이 책상을 치고 난리가 났어요. 함께 웃던 선생님은 아이들이 조용해지자 말씀하셨어요.

"승이가 아는 게 많구나. 이 식물은 광대나물이라고도 하고 지역에 따라 코딱지 나물이라고 도하지. 보랏빛 꽃이 광대가 부는 나팔처럼 생겼다고 해서 광대나물이라고 부르지."

우체통 옆 의자에 오랫동안 앉아 있었어요. 멀리 중앙도서관이 보여요. 도서관에 가서 책을 읽어야겠다는 생각을 했어요. 갑자기 머리가 어지러워지며 눈앞에 안개가 낀 것 같았어요. 길옆에는 왕벚나무 꽃이 피어나고 멀리 보이는 산에는 꽃들이 구름처럼 피어나고 있어요. 오늘은 아빠에게 쓸 말이 너무 많아 종이에 쓰지도 못할 것 같아요. 쓰고 싶

은 말이 피어나는 새순처럼 많아요.'

중앙도서관을 향해 휘파람을 불 듯 마음으로 쓴 편지를 날려 보냈어요.

망양로에 근위병처럼 서 있던 왕벚꽃 나무 한 그루가 뚜벅뚜벅 걸어오고 있는 것 같아요. 다른 왕벚나무들도 한그루씩 차례로 걸어오고 있어요. 나무들 사이로 아빠가 걸어오고 있었어요. 나는 두 눈을 비비고 다시 쳐다보았어요. 어느새 아빠가 내 어깨에 손을 올리고 내 앞에 서 있어요.

"아빠!"

책을 내 손에 들려주고는 아빠는 말없이 오던 길을 되돌아갔어요.

'아빠, 가지 마세요. 그냥 우리랑 함께 살아요.'

멀어지는 아빠 모습 뒤로 왕벚나무가 차례로 걸

어갔어요.

멍하게 앉아 있다 책을 들고 아빠 뒤를 따라 달려 갔어요.

방망이 치는 가슴을 진정시키는 일은 달리는 일 뿐이라는 것을 알게 되었어요. 어느새 중앙도서관 앞까지 달려왔어요. 멀리 구봉산 밑에 충혼탑이 보이는 것을 보니 꿈은 아닌 것 같았어요. 손등을 아프게 꼬집어보았어요.

아빠가 계단을 올라가고 있었어요.

"아빠, 잠깐만!"

"승이가 급하게 달려왔구나."

"아…. 선…. 선생님……."

"그래, 천천히 올라와라."

"승이가 우체통 앞에서 생각을 깊이 하는 거 같아서…."

"…."

"승이가 읽으면 좋을 것 같아 책 한 권을 주고 왔는데."

봄꽃 향기 때문인지 정신이 멍한 것 같았어요. 얼굴이 화끈거리기 시작했어요. 선생님이 내가 아빠라고 부르는 소리를 듣지 못했기를 마음으로 빌었어요.

선생님께 인사도 하는 둥 마는 둥 하고 도서관 계단을 내려와 망양로를 달리기 시작했어요. 뒤를 돌아보니 벚나무들이 따라오고 앞에는 넓은 바다가 하늘처럼 펼쳐지고 있어요. 아빠가 지금 돌아오고 있는 것만 같아요.

집 담벼락에 매달린 코딱지 나물이 광대처럼 춤을 추고 있어요.

빵 냄새

토요일이다. 씽씽이를 타고 동네를 한 바퀴 돌았다. 학산할머니가 돌아가시고 난 후 동네가 더 조용해졌다. 할머니는 나를 마치 손자처럼 예뻐해 주셨다. 가끔 먹을 것도 챙겨 주시는 학산 할머니에게서는 우리 할머니 냄새가 났다. 할머니 빈 집 대문은 아직도 잠겨있다. 대문 문고리에 숟가락를 꼽아둔 게 집에 아무도 없다는 표시다. 지난 토요일 학산할머니 아들과 며느리가 와서 할머니 쓰시던 짐을 정리했다. 이번 주에 마지막 청소를 하기 위해 오신다고 했다.

지난 토요일 아줌마와 나누던 얘기가 생생하다.

“지우는 휴대전화 없나? 요즘 아이들은 휴대전화를 다 가지고 있던데.”

아줌마의 말에 괜히 화가 났다.

“휴대전화 같은 거 필요 없어요. 우리 집 전화 있어요.”

“그럼 전화번호 알려 줄래?”

“싫어요!”

왜 그런 말이 나왔는지 모른다. 아줌마는 내 전화번호를 알고 싶은 모양이다. 그것도 모르고 휴대전화 없다고 무시하는 것 같아 발끈했던 일이 부끄럽다. 방학 때 부산 구경시켜 준다고 하셨는데….

“할머니 돌아가시고 밥은 누가 하노?”

“전기밥솥에 코드만 꼽으면 밥이 되는데요.”

할머니가 계실 때는 사내아이가 밥하는 거 아니라고 하셨다.

“반찬은 누가하노?”

“그런 걸 왜 물어요?”

나는 퉁명스럽게 말했다. 반찬은 교회에서도 가져오고, 복지관에서도 가져온다. 아빠가 일하는 식당에서도 가끔 가져오기도 한다.

우리 할머니가 살아 계실 때가 나에게는 봄날이었다. 그때는 늘 밥이 준비되어 있었다.

우리 할머니가 돌아가시고 얼마 안 있어 학산 할머니가 돌아가셨다. 두 분은 하늘에서도 친하게 지내실 것 같다.

내가 2학년때 할머니와 함께 학산 할머니 댁을 처음 갔다. 그날 학산할머니의 아들과 며느리를 만났다.

"이름이 뭐지? 씩씩하게 생겼구나. 빵 하나 먹을래?"

이름도 말할 여유도 없이 빵을 받았다. 건네주는 빵에서 엄마 냄새가 났다. 괜히 부끄럽기도 했지만, 아줌마가 주는 빵을 나도 모르게 받아 들었다.

가끔 토요일이면 학산 할머니 집에서 아줌마를 만나고 부산에서 가져온 빵을 먹었다. 괜히 토요일이 기다려지는 건 맛있는 빵에서 나는 엄마 냄새 때문인지도 모른다.

우리 집 마당에 흰 찔레꽃이 피어나고, 저녁이면 개구리가 귀가 아프게 울어대는 5월 중순이다.

지난 토요일 머위 줄기를 마당 가득 베어와서 다듬던 아줌마가 내게 물었다.

"지우는 재미있는 일이 뭐지?"

"재미있는 일 하나도 없어요!"

"왜 그럴까? 재미있는 일이 있어야 하는데."

남들이 하는 소리를 아줌마도 하는 것 같아 듣기 싫었다.

그러고 보니 토요일만 되면 누구를 기다리고 있는 것 같다. 2학년 때 엄마가 떠나간 뒤부터 바닷가 끝자락을 바라보는 습관이 생겼다. 멀리 차가 다니는 큰길도 눈에 들어왔다. 엄마가 떠나던 날도 개구리가 귀가 아프도록 울어댔다. 바닷물이 나갔다 다시 제자리로 돌아오면 엄마가 꼭 올 것 같았다. 하지만 3년이 지난 지금은 바닷가 끝자락 큰길을 바라보지 않는다. 기다리는 일은 꽃이 떨어지는 것처럼 우울해지기 때문이다.

점심을 먹고 씽씽 이를 타고 골목을 나오다 동네 아랫길에서 아줌마와 비슷한 사람이 보였다. 혹시나 해서 달려가 보니 아줌마가 맞다.

“아줌마!”

“모자를 덮어썼는데, 잘 알아보네.”

“지난주에도 이 옷 입었잖아요.”

“와, 지우 눈이 맵다.”

오늘이 어쩌면 아줌마를 마지막 볼지도 모른다는 생각이 들었다. 아줌마가 우리 할머니나 되는 것처럼 아줌마 뒤를 따라 논둑 길을 걸었다.

“아줌마 어디 가는 길이에요?”

“쑥 뜯으러 간다.”

우리 동네 사람들은 이제 쑥이 세다고 뜯지 않은데 왜 쑥을 뜯으러 가는지 궁금하다.

어느새 학산 할머니와 할아버지 산소가 있는 곳까지 올라왔다. 우리 할머니는 추모공원에 모셨기 때문에 산밑에 산소라는 곳은 처음 와 보았다. 할아버지 무덤을 파서 학산 할머니와 함께 합장했다고 한다. 무덤 주위엔 잔디가 파릇하게 자라고 있다. 산소 옆에는 찔레꽃이 무더기로 피고 있다.

멀리 바다 끝자락이 보였다. 먼 바다로 나갔던 물이 다시 제자리로 들어와 바닷물이 하얗게 보였다.

"지우야, 빵 좋아하지?"

말없이 빵을 조금씩 뜯어 입에 넣었다. 찔레꽃에서 나는 향기다. 처음 먹었던 빵에서 맡았던 향이다. 빵이 잘 넘어가지 않는다. 바람이 불 때마다 찔레꽃 향기와 엄마 냄새가 묻어왔다.

"목이 막히나 보네. 천천히 먹어."

"이 쑥으로 뭐 하세요?"

쑥떡을 해서 나누어 먹는다고 하셨다. 아줌마는 쑥떡을 제일 좋아한다고 하셨다. 어릴적 쑥떡을 이웃에 나누어 주는 심부름이 제일 즐거웠다고 하시며 입꼬리를 살짝 올렸다.

아줌마는 내게 이런 얘기를 하셨다. '사람 사는 곳에는 바람이 분다. 거센 바람이든, 순한 바람이든'

내가 바람 부는 언덕에 서 있다는 것일까!

돌아가신 할머니 얘기가 떠오른다.

할머니는 아빠에게 이런 말도 하셨다.

'거센 바람을 한 번 이겨낸 나무는 웬만한 태풍은 견딘다.'

할머니의 따듯한 손을 다시 잡아보고 싶다.

신나게 쑥 줄기를 뚝, 뚝, 뜯는 아줌마는 정말 행복해 보였다.

아줌마처럼 재미있게 사는 일이 무얼까?

쑥 줄기를 몇 개 자르다 보니 학산할머니 산소에 잔디가 뽑혀 있는 게 보였다. 멧돼지 발자국도 보였다. 가슴이 두근거리기 시작했다.

"아줌마, 여기 멧돼지 발자국이에요. 멧돼지가 흙을 파고 다닌 흔적이 보여요. 나 내려갈래요."

"뭐? 멧돼지!"

"며칠 전에 동네 아저씨가 밭에서 멧돼지를 만나 도망치다 다리를 다쳤어요."

멧돼지에 대한 정보는 내가 확실하다.

집에 혼자 내려와 생각하니 내가 비겁하다는 생각이 들었다. 쑥도 뜯으며 함께 있다가 내려왔으면 좋았을걸, 후회해도 소용없는 일이다. 얼굴이 화끈 달아오른다. 아줌마가 별일 없이 내려왔는지 궁금하다. 시간이 길게 느껴져 마당을 어슬렁거리다 학산 할머니 댁을 갔다. 아저씨가 마당을 말끔히 정리하고 있었다. 아저씨는 낡은 의자도 부수고 금이 간 단지를 깨서 자루에 담고 있었다. 땀을 뻘뻘 흘리며 일을 하는 아저씨랑은 아무 얘기도 안 했다.

며칠 전 우리 반 준호와 한 판 붙고 난 뒤 가슴속에는 검은 연기가 잔뜩 낀 것 같다. 깊은 한숨이 나오기도 하고 가슴이 답답했다.

"자식, 할 줄 아는 게 하나도 없으면서!"

이 말 한마디에 나도 모르게 준호 다리를 걷어차 버렸다. 때릴 줄도 알고 싸움도 할 줄 안다는 걸 보여 주고 싶었다. 내 짝 준호는 힘만 센게 아니라 잘하는 게 많은 녀석이다. 그렇다고 나를 무시하는 말을 듣고도 가만히 있을 수는 없었다. 며칠 지나고 생각해 보니 이런 소리를 듣지 않으려면 하나라도 잘하는 게 있어야겠다는 생각이 들었다.

땅을 보고 걷다가 돌멩이를 멀리 던졌다. 아저씨에게 물이라도 가져다드리려고 냉장고에서 물을 한 병 꺼냈다. 물을 안고 가는데 가슴에 시원한 바람이 지나가는 것 같다.

개울 건너에서 아줌마가 자루를 양손에 무겁게 들고 내려오는 모습이 보였다.

"지우야, 무겁다. 쑥 자루 하나 들어줘."

한 손으로 머리를 긁적이며 자루를 들고 아줌마

보다 빨리 걸었다. 들어 달라는 소리를 하기 전에 먼저 들어 주겠다고 해야 하는데 나는 참 답답하다. 준호 같았으면 얼른 뛰어가서 자루를 덥석 잡았을 것이다. 그 녀석은 생각이나 행동이 빠르다.

마당에는 동네 할머니 두 분이 오셔서 학산 할머니 장독을 하나씩 만지고 계셨다.

"이제 장독도 텅 비고, 아무짝에도 쓸모가 없네."

"그러게, 그래도 아까워서."

유모차에다 장독을 조심스럽게 밀고 가는 할머니들의 뒷모습이 우리 할머니와 학산 할머니처럼 보였다.

해가 질 무렵 아저씨와 아줌마가 짐을 차에 실을 때 옮기는 일을 도와 드렸다. 남의 일을 도와주는 것은 처음 해 보는 일이다. 기분이 좋아지기 시작했다.

"아줌마 휴대전화로 사진 한 장 찍어도 돼요?"

"그럼."

아줌마 휴대전화를 집어 들었다. 아저씨가 방에서 일하는 모습을 찍었다. 하얀 문종이로 바른 창호지 문은 우리 동네에서 한 집뿐이다. 백열전구에서 비치는 불빛이 창호지 문으로 노랗게 새어 나온다. 흰 찔레꽃 안에 핀 노란 꽃술처럼 예쁘다.

마지막으로 내 씽씽이도 찍었다. 씽씽이 사진을 저장해서 우리 집 전화번호를 입력하고 연락처 사진에 넣었다.

“지우 대단하네. 연락처에 사진을 넣을 수가 있었네.”

“가르쳐 드릴까요? 아빠 핸드폰으로 많이 해 봐서 알아요.”

내가 누구에게 무엇을 가르쳐 주겠다고 한 것은 처음이다.

“지우야, 오늘 참 고마웠다. 시원한 물도 가져다 주고, 짐을 차에다 싣는 것도 도와 주고.”

아줌마는 내가 웃을 때 멋있다고 했다. 사람들을 보며 먼저 웃는 일도 연습이 필요하다고 하셨다. 집에 돌아와 입꼬리를 살짝 올리며 싱겁게 혼자 웃어본다. 마음이 따뜻해지는 것 같다. 이런 마음을 행복하다고 하는 걸까?

'행복은 멀리 있는 것이 아니라 내 옆에 숨어있다가 내가 웃으면 나타난단다' 전에 아줌마가 해 주셨던 얘기가 맞는 것 같다.

학교에 가면 내가 준호에게 먼저 웃어볼까. 잘하는 게 하나도 없는 내가 잘할 수 있는 일. 먼저 환하게 웃어주는 일이다.

'아줌마 이제 우리 동네 안 오세요?'

아줌마에게 물어보고 싶었지만, 꾹 참고 말았다.

어느새 저녁이다. 아줌마와 아저씨가 탄 차가 구불구불한 골목길을 헤드라이트를 비추며 내려가고 있다.

개구리 울음소리가 소나기 오는 소리처럼 들린다. 엄마가 떠나가던 저녁에도 귀가 아프도록 울어대던 개구리 울음소리는 변하지도 않는다.

'엄마가 돌아온다면 환하게 웃어 줄 자신이 있는

데…. 이제 아빠는 술도 안 마시고 일도 열심히 하시는데….

찔레꽃에서 엄마 냄새와 빵 냄새가 풍겨 나온다.

산을 넘어온 도롱뇽

산벚꽃이 함박눈처럼 흩날리고 있어요. 맑은 옹달샘에 흰 구름이 내려와 있는 봄날이에요. 옹달샘 안 바위틈에는 어미가 된 농이가 툭 튀어나온 눈으로 알주머니를 살피고 있어요. 옹달샘 옆에 벚나무 위에는 까마귀들이 까악, 까악 소리를 내며 날고 있어요.

몇 년 전 농이는 산을 넘어왔어요. 그 작은 몸으로 어떻게 산을 넘어 왔느냐고요? 농이가 새끼였을 때 북쪽 엄광산 아래 작은 웅덩이는 도롱뇽이 살기 좋은 곳이었어요. 근처에는 조용한 암자가 자리 잡고 있었지요. 암자 옆 바위틈에서 흘러나오는 맑은 샘물은 가물어도 물이 마르지 않았어요. 샘물 옆 웅덩이에서 어미 도롱뇽은 알을 품어 세상에 내보냈어요.

어느 날 절 옆에 요양병원 터를 다듬기 시작했어요. 건물이 올라갈수록 웅덩이에 물이 마르기 시작했어요. 시끄러운 소리는 점점 더 크게 들려왔어요. 공사장에서 날아온 스티로폼과 쓰레기가 웅덩이를 덮기 시작했어요. 도롱뇽들은 오랫동안 살았던 곳을 떠나야 했어요.

키다리 억새가 손을 흔드는 언덕을 올랐어요. 천둥과 돌풍이 몰아치는 날 바위 밑에 엎드려 비가 그치기를 기다렸어요.

"먼 옛날 우리 조상들은 하늘을 날았다고 하는데……."

"그런 꿈같은 소리 말아요. 애들 놀라겠어요."

농이 아빠 엄마는 하늘을 보며 얘기했어요.

산을 넘어오는 길은 멀고 험했어요. 먼저 농이 아빠가 숲을 헤치고 나가면, 엄마와 동생이, 마지막으로 농이가 기어나갔어요. 상수리 잎이 부드럽게 깔린 길은 잠시였어요. 바위를 타고 넘으며, 언덕을 내려올 때 배에 멍이 들고 피가 났어요. 엄마와 아빠가 새끼들의 상처를 쓰다듬고 있을 때, 까악, 까악 까마귀 가족이 날아왔어요.

"내 등에 올라타! 내가 도와줄게."

"무서워요!"

"나를 믿어봐!"

까마귀들은 농이 가족들을 등에 태우고 높이 날아올랐어요. 산 정상을 넘어오는 동안 낙동강 끝자락이 보였어요. 어지러워 눈을 꼭 감았다가 다시 눈을 떠보니 넓게 펼쳐진 바다도 보였어요. 까마귀의 거친 숨소리를 들으며 침을 여러 번 삼켰어요. 농이 식구들은 까마귀 등을 타고 부산 앞바다가 보이는 엄광산 남쪽자락에 내렸어요.

옹달샘 옆에는 작은 텃밭이 있어요. 산 아래 사는 할머니가 자주 올라와요. 작은 텃밭에 앉아 옹달샘을 바라보는 할머니의 눈빛이 맑은 물빛을 닮았어요.

"까아악, 까아악."

까마귀들은 옹달샘에 누가 온다는 신호를 그렇게 알려주었지요. 오늘은 할머니가 손자를 데리고 올라왔어요.

"꽃잎이 한가로이 떠 있네."

"할머니, 옹달샘에 파란 하늘이 담겨 있어요."

"그래! 지안아. 여기는 애기 용들이 사는 곳이란다."

"용들이 산다고요?"

"쉿!"

할머니가 손가락을 입에 댔어요.

얼음이 녹아 옹달샘 물이 아직 차가운 날 놓이는

알을 낳았어요.

바위틈에 숨어 옹달샘 안에 떠 있는 알주머니를 지키는 농이의 하루는 한 달보다 긴 날이에요. 어미가 된 농이는 물속 이끼 주머니에서 자라는 알들이 빨리 깨어나길 기다리고 있어요. 새끼들이 너무 늦게 깨어나면 개구리들의 밥이 되기 때문이지요.

“할머니, 옹달샘 바닥에 도넛처럼 생긴 게 뭐에요?”

“아이고, 우리 지안이가 배가 마이 고픈가 보네. 할미 눈에는 보석 팔찌처럼 보이는데!”

지안이는 작은 막대기로 알주머니를 들어 올렸어요.

할머니는 심장이 멎을 것 같았어요.

“안돼! 지안아!”

할머니 고함에 지안이는 알주머니를 물속에 얼른 집어넣었어요.

다음 날 지안이는 할머니와 같이 옹달샘에 또 왔어요.

“할머니, 도넛 같은 저거, 도롱뇽 알집 맞죠?”

“그래, 도롱뇽 어미가 보석 주머니에 알을 숨겨 두었단다.”

“할머니, 우리 반 인준이가 도롱뇽 알을 키운다고 자랑했어요.”

할머니는 지안이의 마음을 아는 눈치였어요.

“사진으로 보던 도롱뇽 알을 직접 보니 꿈만 같아요.”

“먼저 나온 새끼들은 벌써 바닥에 붙어 있구나. 새끼들이 빠져나온 알주머니는 물이끼처럼 하늘거리네.”

“새끼들 머리가 둥글고 길쭉한 게 꼭 올챙이 같아요.”

“…….”

"할머니! 도롱뇽 새끼들이 세상으로 나오는 순간을 보고 싶어요."

"……"

'지안이가 도롱뇽 어미가 알을 숨겨 놓은 마음을 알까!'

할머니 마음은 누가 쫓아오는 것처럼 두근거려요.

바위틈에서 새끼들을 지켜보는 농이는 자기도 모르게 깊은숨을 쉬었어요. 그나마 밤에는 알을 둘러볼 수 있지만, 낮에는 지안이 같은 아이들이 올까 봐 마음을 놓을 수가 없어요.

"할머니, 우리 반 인준이는 도롱뇽 알을 관찰해 선생님께 칭찬을 들었어요."

"그렇지만 지안아, 도롱뇽은 일급수에서만 사는 냉수어라 집에서는 기르기 힘들단다."

"정말요?"

지안이는 할머니 말을 듣고 그냥 돌아갔어요.

바위 뒤에 숨어 바라보던 농이는 까마귀 등을 타고 엄광산을 넘어올 때처럼 입이 마르고 숨이 차는 것 같았어요.

다음날 지안이가 할머니와 옹달샘에 또 왔어요.

“할머니, 도롱뇽이 알주머니에서 많이 나왔어요. 헤엄치는 거 보세요.”

“지안이 너도 아기 때 저렇게 배밀이를 하고 다녔다.”

“할머니, 제발요! 몇 마리만 가져가면 안 돼요? 어제 밤 꿈에도 도롱뇽 새끼들만 보였어요.”

“저 어린 것들이 어미를 떠나서 살겠나?”

“한 번만 키워보고 싶어요.”

“까악, 까악….”

지안이 말을 들은 까마귀들이 소리를 지르며 날고 있어요.

“할머니, 까마귀가 나를 노려보는 것 같아요.”

할머니는 못 들은 척 옹달샘에 버려진 캔과 비닐봉지를 건져냈어요.

“지안아! 비닐 속에 새끼들이 들어가면 위험하다. 건져내자.”

“네, 캔에 들어가도 다칠 수가 있어요.”

검은 비닐봉지는 꼭 마녀의 두건 같았어요.

"할머니, 도롱뇽 새끼 안 가져가면 집에 안 갈래요. 나도 한번 키워보고 싶어요!"

"이 녀석! 고집도 세다……. 딱 세 마리만 담아라."

"우와!"

"지안아 도롱뇽이 말은 못 해도 마음은 우리와 똑같단다."

"할머니는 그걸 어떻게 알아요?"

"밤낮으로 개구리들이 물고 갈까, 비 오면 떠내려갈까, 마음 졸이며 키웠을 텐데……. 네가 어미 도롱뇽 마음을 어찌 알겠노!"

어미 뇽이의 마음을 위로하는 듯 까마귀의 울음소리도 길게 들렸어요.

며칠이 지나갔어요.

오늘은 할머니 혼자 옹달샘에 왔어요. 어미는 바위틈에서 당장 나가고 싶었지만 기회만 보았어요.

할머니는 작은 병에 든 물을 옹달샘에 조심스럽게 부었어요.

"네 어미 있는 곳에서 잘 살아라."

무사히 돌아온 새끼들이 물속을 헤엄치는 모습이 보였어요.

어미는 휴! 하며 숨을 깊이 마셨어요.

"지안이 할머니 집에서 숨이 막혀 죽는 줄 알았어."

"서울까지 우리를 데려간다고 고집을 부렸어."

"엄마가 보고 싶다고 징징대다 우리를 두고 갔지."

까마귀들도 검은 고개를 쭉 빼고 물속을 내려다봐요.

농이는 바위틈새에 몸을 감추었어요.

할머니의 미소 짓는 얼굴을 바라보았어요. 순간 할머니와 농이의 눈이 마주쳤어요. 그때 옹달샘에서 푸른빛이 일었어요. 마치 마법에 걸린 것처럼 농이의 입에서 말이 튀어나왔어요.

"할머니 새끼들을 살려 주셔서…."

"지안이를 말리지 못한 내가 더 미안하구나!"

"이 은혜를 어떻게 갚아야 할지……."

"아니다! 아니다!"

할머니 머리 위로 벚꽃잎이 하늘하늘 내려왔어요. 옹달샘엔 봄이 몽글몽글 피어올랐어요.

흥부 대박길을 나서다

나는 부산에 사는 이선아.

방학이라 할머니 집에 왔다. 할머니께서 흥부 대박길을 걸어 보자며 노래를 부르셨다. 인월에 수영장이 생겼다고 좋아했더니 수영장은 흥부 대박길에 밀렸다. 할머니 부탁을 먼저 해결해야 내가 하고 싶은 일을 할 수 있다.

"할머니, 대박이라는 말은 무슨 뜻이에요?"

"대박났다! 라는 말을 들어 본 것 같지? 어떤 일이 크게 이루어짐을 비유적으로 이르는 말이라고 사전에 적혀있어. 할머니가 대박에 관해 얘기하나 해줄게."

옛날에 노랭이라고 소문난 부잣집에 며느리가 들어왔어. 지독한 구두쇠 노릇을 하여 부자가 된 노랭이 영감은 자신이 재산을 모은 일을 며느리에게 자랑하고 싶었어. 영감은 며느리를 곡간으로 불렀어. 곡간에 있는 보물들을 며느리에게 보여 주며 자기가 평생 모은 재산이라고 자랑을 했어.

곡간 한쪽에는 여러 개의 큰 독에 각종 곡식이 가득했어. 자기가 재산을 늘려온 비법을 며느리 귀에 입을 대고 속삭이듯 가르쳐 주었어.

그 비법은 곡간에는 두 개의 됫박이 있었는데, 남에게 곡식을 내줄 때와 받을 때 크기가 다른 됫박을 사용했어. 곡식을 내줄 때는 작은 됫박으로 세어서 주고, 받을 때는 큰 됫박으로 받으라는 것이었어. 이 말을 들은 며느리는 시아버지에게"알겠습니다." 하고 대답했어.

그러나 지혜로운 며느리는 어려운 사람에게 장리(장리: 돈이나 곡식을 꾸어주고 받을 때는 한 해 이자로 본디 곡식의 절반 이상을 받는 변리. 흔히 봄에 꾸어주고 가을에 받는다)로 쌀을 빌려주고 받을 때 반대의 바가지를 사용했어. 즉 큰 바가지로 빌려주고 작은 바가지로 받았어. 박리다매(薄利多賣)하듯 어려운 사람들의 사정을 살펴준 것이었지.

그러자 유리알처럼 투명하고 가난한 사람들의 살림은 이를 금방 알아차렸어.

며느리의 후한 손 덕이 입소문으로 전해져서 곡식을 빌리려는 사람들이 멀리 서도 오는 바람에 곡간의 묵은 곡식까지 다 나가버렸지. 이 사실을 시아버지만 모를 뿐 며느리와 거래하는 사람들은 다 아는 일이었지. 사람들은 며느리가 큰 바가지를 들고나오는 것을 보면 "와! 대박 나왔다." 이렇게 말했다는 거야. "오늘 대박으로 받았다."라고 공공연하게 얘기했지.

가을이 되자 곡간에는 햇곡식이 들어와 더 많은 독을 채우게 되었어. 속사정을 모르는 시아버지는 곡간 가득한 햇곡식을 보며 며느리에게 복이 따른다고 좋아했어.

그리고 며느리에게 곡간의 열쇠를 아주 맡겨버렸지. 몇 년이 안 되어 며느리는 시아버지가 평생 모은 재산보다 더 많은 재산을 모았어.

세월이 지나자 '노랭이 영감댁'이라는 별명 대신 '큰 말 댁'이라고 불렸지. 주인이 된 며느리는 재산도 많이 모았지만 어려운 이웃들에게 덕도 많이 베풀어서 평생을 존경받는 삶을 살았단다.

그 후 '큰 바가지로 빌려 쓰고 작은 바가지로 갚는다'라는 말이 대박이라는 말로 통하게 되었어. 즉 말로 받고 되로 갚는다는 의미이니 빌려 쓰는 가난한 사람들에게는 수지가 맞는 장사라는 말이지.

그러고 보니 '대박 났다'라는 말은 큰 바가지를 가지고 나왔다는 뜻이니 '재수가 좋다.' 는 말이지. 부산사람들이 많이 쓰는 말 "억수로 재수가 좋다."라는 말과 비슷하지.

"선아야! 이제 흥부 대박길을 걸어볼까!"

할머니는 주먹을 불끈 쥐며 여전사의 자세를 취한다. 할아버지가 먼저 올라가시고 할머니와 나는 설렁설렁 걷는다.

날씨가 더운 탓에 그냥 앉아서 쉬고 싶다.

오르막을 오르다 뒤를 돌아보니 멀리 삼봉산 아

래 할머니 집도 보인다. 힘들지만 한 걸음씩 걷다 보니 시원한 바람도 한 번씩 불어온다.

조금 더 오르니 멋진 안내판이 우뚝 서 있다.

안내판에는 흥부전의 첫 번째 얘기가 쓰여있다.

할아버지가 큰 목소리로 읽으신다.

1. 놀부 심술보

[전라도와 경상도 어름에 놀부와 흥부가 살았는데, 형은 놀부이고 아우는 흥부였다. 형제는 같은 부모 밑에 태어났지만, 성품이 달라도 너무 달랐다. 놀부는 모과나무가지 뒤틀리듯 심술보가 한번 뒤집히면 심사가 꽁지벌레다. 보통 사람들의 내장은 오장 육부지만, 놀부는 왼쪽 갈비뼈 밑에 심술보가 하나 더 있어 오장 칠부다.

놀부는 불난 집에 부채질하기, 초상집에서 노래하기, 장에 가서 억지 흥정하기, 이 앓는 사람 뺨치기, 잘 익은 곡식 이삭 뽑기, 애호박에 말뚝박기, 똥누는 놈 주저앉히기, 장독간에 돌 던지기, 비 오는 날 장독 열기, 길가는 나그네 재워줄 듯 붙들었다 해지면 내쫓기는 예사였으니 못된 짓은 안 하는 게 없을 정도였다.

흥부는 부모에게 효도하기, 형제간에 우애하기, 친구에게 신의 지키기, 병든 사람 돌봐주기, 굶는 사람 밥 나눠주기, 길가에 떨어진 물건 주인 찾아주고, 부모 없는 아이 데려다 키우고, 등짐 지고 가는 노인 짐 져주고, 하찮은 짐승 새끼도 도와주는 흥부였다. 돈 한 푼 못 벌고 남만 도와주니 어찌 재산을 모으고 살겠느냐고 놀부는 동생을 지독스레 미워했다.]

할아버지가 우렁우렁한 목소리로 읽으니 그런대로 재미가 있다.

또 쉬엄쉬엄 올라가다 보니

2번째 마당이 나왔다.

"이번에는 선아가 읽어!"

2. 흥부가 기가 막혀

[천왕봉에서 불어오는 바람에 함박눈이 눈 앞을 가리고 코끝이 떨어져 나갈 듯 북풍한설이 몰아치는 한겨울에 놀부는 생트집을 잡아 흥부를 집안에서 내쫓는다.

"네 이놈 흥부야 듣거라! 늙어가는 형만 믿고 자식새끼들만 돼지 새끼처럼 줄줄이 퍼 낳으니 이제는 밥을 먹일 수가 없다. 더구나 밥만 먹고 집안에서 빈둥빈둥 구렁이처럼 슬슬 돌아다니다가 주막에 나가 외상술이나 퍼마시고 다니는 것을 더 봐 줄 수가 없다. 네 식구 다 앞세우고 집에서 썩 나가라. 너 내 성질 알제잉~~ 만일 안 나가면 죽을 줄 알아라잉~~"

흥부가 기가 막혀! 흥부가 기가 막혀!

흥부가 놀부 앞에 엎드려 아뢴다.

"아이구 형님! 별안간 나가라 하니 어디 가서 살란 말입니까? 형님 사정을 봐주십시오."

"이놈아 내가 갈 곳을 일러 주랴? 잔말 말고 썩 나가거라!"

"여보 마누라 형님이 나가라고 하니 누구 명이라 거역하며 어느 말씀이라 거역하겠소. 어서 자식들 챙겨보오."

흥부와 마누라가 울며불며 이삿짐을 챙겨 들고 떠난다.

“형님 갑니다. 부디 안녕히 계십시오.”

“잘 가거라!”

“아구! 아구! 내 신세야 부모님이 살아생전에 네 것 내 것 니꺼 다툼 없이 풍족히 먹고 입고 쓰고 남아 세상 물정을 몰랐더니, 흥부 신세가 하루아침에 이리될 줄 누가 알았겠느냐? 어느 곳으로 가서 살까? 세상을 모르니 서울 가서 살 수 없고, 아서라, 산속으로 가자. 산속에서 살자 하니 물건이 귀해서 살 수 없고, 도시로 가자. 도시에서 살자 한들 냄새가 심해서 살 수 없고, 양반고을에서 살자 한들 양반들 억세서 살 수 없으니 어느 곳으로 간단 말이냐?”]

안내판을 읽다 보니 흥부가 불쌍해지기 시작했

다. 흥부가 쫓겨난 추운 날을 상상하니 몸에서 한기가 돋는다. 잠시 더위가 물러난 느낌이다.

"선아, 정말 잘 읽네. 우리만 듣기 아까운데!"

할머니 칭찬에 내 어깨가 쓱 올라간다.

"세 번째 마당은 내가 읽을게!"

할머니 차례다

3. 흥부가 쫓겨나다

[놀부가 흥부를 구박하여 집 밖으로 쫓아내니 흥부 신세가 가련하게 되었다. 흥부가 빈손으로 쫓겨나니 이 넓은 세상천지에 집 없는 신세가 되었구나. 불쌍한 흥부 아내는 어린 자식을 업고 안고 울며불며 흥부를 따라갈 때, 아무리 배가 고프고 시장해도 밥 한술 줄 사람 누가 있겠는가? 밤이 점점

깊어간들 잠잘 집이 어디 있는가. 해가 서산으로 넘어가도록 밥 한 숟가락 못 먹고 풀밭에서 자니, 죽는 것밖에 수가 없어 차차 염치가 없어져 간다. 이곳저곳 빌어먹은 한 두 달이 지나가니 발바닥이 단단하여 부르틀 리 아예 없고 낯가죽이 두꺼워져서 부끄러움도 없어졌다. 떠돌이 생활이 일 년 이 년 넘어가니, 빌어먹는 것도 수가 생겼다.

읍내에 가면 흥부는 객사나 활 쏘는 사람들이 무예를 닦는 활터에 앉아 있곤 한다. 다른 고을을 가서는 물방아 집이나 당산 정자 밑에 터를 정하고는 앉아 있곤 한다. 어린 것을 옆에 놓고 긴 담뱃대 붙여 물고, 솥 안을 닦아 내는 솥솔을 매든지 똬리를 겯는다. 냇가나 방죽이 가까우면 낚시질을 한다. 흥부 마누라는 어린 것을 등에 새끼줄로 꽉 동이고 바가지에 밥을 구걸하고, 변변치 않은 반찬이지만 호박잎에 얹어 허위허위 온다.

염치없는 흥부는 가장 체면을 생각한답시고 부인이 늦게 왔다고 지팡이로 매질도 해보고, 입에 맞는 반찬이 없다고 앉았던 물방아 집에 불을 지르는 시늉을 하며 별별 수를 부려본다.

하루는 흥부가 아내에게 말을 한다.

“우리 신세 이리되어 이왕 빌어먹으려면 돈과 곡식이 많은 데를 한번 찾아가 보세.”

물고기가 많은 바닷가를 가면 암만해도 비린내에 속 뒤집혀 살 수 없고, 산중을 다녀보면 소금이 없어 살 수 없다. 결국, 고향 근처로 도로 찾아 한 곳을 당도하니 인심이 훈훈한 복덕촌이다.]

할머니는 씩씩하게 읽어나갔다.

“할머니는 악센트가 너무 강하다!”

할아버지가 핀잔하듯 말씀해서 모두 웃고 말았다.

나는 과자를 하나 먹고, 할아버지와 할머니는 사탕 하나씩 입에 넣고 오르막을 올라갔다. 여기가 고난 길인가 점점 높아져 간다.

4. 자식 많은 흥부 집

[흥부는 집을 지으려고 재목을 구해왔다. 보통 사람들은 깊은 산에 들어가 굵은 아름드리나무를 구해 안방, 대청, 행랑, 몸채를 짓는다. 흥부는 집 재목을 구하러 수수밭으로 들어가 수수깡 한 단을 베어 네모 모양의 집을 지었지만, 집 꼴이 말이 아니다.

흥부가 지은 집이 얼마나 작은지, 방안에서 부부가 드러누워 기지개를 켜면 발이 마당으로 나가고, 머리는 뒤뜰로 튀어 나가고, 엉덩이는 울타리 밖으

로 나갔다. 동네 사람들이 출입하다가

"이 엉덩이 불러들이소."라고 하니 흥부가 그 소리를 듣고 서러워 대성통곡한다.

"애고! 애고, 설운지고 어떤 사람은 팔자 좋아 출세해서 고대광실 좋은 집에 호의호식 지내는가. 내 팔자는 무슨 일로 네모 말만 한 오두막집에 지붕은 낡고 썩어 별이 보이고, 문밖에 가랑비 오면 방 안에는 큰비가 온당가, 앞문에는 문살만 남고 뒷벽은 구멍이 숭숭 뚫려, 동지섣달 찬 바람이 쌩쌩 들어오고, 어린 자식은 젖 달라 울고 큰 자식은 밥 달라 하니, 차마 서러워 못 살겠네."

가난한 중에도 자식을 많이 낳아 열댓 명이 넘으니, 입힐 옷도 귀하니 한방에 몰아넣고 멍석을 덮어씌워 머리만 내어놓았다. 한 녀석이 똥이 마려우면 나머지 녀석들도 함께 따라간다.

자식이 많다 보니 요구도 가지가지이다. 한 녀석

이 나오면서

"애고 어머니, 배고파 못 살겠소. 우리 신선로에 국수 말아 먹었으면 좋겠소."

또 한 녀석이 나앉으며, "애고 어머니, 나는 맛있는 음식에 잣죽 한 그릇 먹었으면 좋겠소.

우리 소고깃국에 하얀 쌀밥 조금 먹었으면 좋겠소."

"호박떡 한 시루만 먹었으면 좋겠소."

"아이고 이 녀석들아, 호박국도 못 얻어먹는데 무슨 음식 타령이냐."

이때 배를 득득 긁으며 큰아들이 나온다. "애고 어머니, 올해는 나 장가보내주오."

이렇듯 보챈들 무엇으로 먹여 살려낼꼬.]

"와! 우리 선아 참, 재미있게도 읽네."

"성우 해도 되겠다!"

할아버지와 할머니의 칭찬을 들으니 괜히 으쓱해진다.

이 대목을 내가 읽다 보니 갑자기 배가 고파진다. '애구! 나는 우리 집에서 달랑 혼자 태어났는데 이 많은 자식이 태어난 흥부집을 생각하는데….

"선아야, 배고프재! 조금만 참아라! 이제 절반은 왔을 끼다."

할아버지가 제일 먼저 올라가 우리를 기다리신다.

5. 흥부 매품팔이

[읍내 관청에서 호방이 흥부한테"이왕 오신 김에 매품 팔아 보시려오?"라고 말한다.

"아, 돈 생길 품 같으면 내 팔고말고 무슨 품인가? 어서 말 좀 해보소."

"다른 게 아니라 우리 고을 김좌수가 죄를 지어 병영에 잡혔는데, 좌수 대신에 곤장 열 대만 맞으면, 곤장 한 개에 돈이 석 냥씩 삼십 냥은 맡아 놓은 돈이요. 말 타고 가라고 해서 말값 닷 냥까지 딱 지정해 놓았으니, 그 품 좀 팔아 보려오?"

흥부가 돈 말을 듣더니 어떻게나 좋던가 곧장 대답한다.

"내 팔 터이니, 그 돈 닷 냥 얼른 이리 주오."

"그러면 그리하시오."

"얼씨구나, 얼씨구나, 얼씨구나, 좋네, 지화자 좋을시고, 돈 봐라'! 돈 돈 돈 돈, 돈 봐라, 우선 배가 고프니 떡국 집으로 가자. 여보 떡국 장사, 여기 떡국 세 그릇만 주오."

떡국 배불리 먹고, 막걸릿집으로 들어가서 호기를 부린다.

"여보 두부 장사, 두부 한 그릇만 주오."

두부 사서 몸이 기우뚱하도록 먹고, 어깨를 높이고, 입을 길게 뺀다.

"얼씨구나, 아, 좋네! 대장부 한걸음에 엽전 서른닷 냥이 생겼구나."

흥부가 집으로 들어가며 아내를 부른다.

"여보게 마누라, 아, 이 사람아, 집안 어른이 어디 갔다가 집안이라고 들어오면, 우루루루 쫓아 나와 맞이하는 것이 도리이지, 자네가 이 사람아, 당돌히 앉아서 움직이지 않으니 웬일인가, 에라 이 사람아, 몹쓸 사람."]

6. 흥부 돈타령

["어디 돈, 이 돈이 웬 돈이요, 일수, 월수를 얻어왔소, 사채를 얻어왔소?"

"어따, 이 사람아, 저리 좀 가소, 그런 돈이 아니로세, 일 수 월수를 왜 얻으며, 비싼 사채를 왜 얻겠나? 이 돈 내력을 자네가 아나? 얼씨구나 좋을시고 절씨구나 좋을시고, 얼씨구절씨구, 지화자 좋네, 돈 봐라, 돈 좋다, 돈 봐라, 돈 돈 돈 돈 봐라, 야 이놈의 돈아 어데를 갔다가 이제 오느냐, 못난 사람은 잘난 돈, 잘난 사람은 더 잘난 돈, 사람을 살리고 죽이는 돈, 부귀공명이 붙은 돈, 맹상군의 수레바퀴같이 둥글둥글 도는 돈, 돈 돈 돈, 돈 돈 돈, 돈 봐라, 얼씨구나, 돈 좋다, 돈 봐라, 얼씨구 절씨구, 지화자 좋네."

"여보 마누라! 이 돈 가지고 쌀 팔고 고기 사서, 큰가마솥에 고기 죽을 가득 쑤어 실컷 한번 먹어보세!"

아이도 한 통, 어른도 한 통, 각기 한 통씩 먹여 놓으니 식곤증이 나서 앉은 자리에서 고자 백이 잠을 잔다.

"여보 영감 이 돈이 웬 돈이요? 이 돈 속이나 좀 압시다."

"아니고, 영감! 중한 가장 매품 팔아 먹고산단 말은 고금천지 어디가 보았소, 하늘이 무너져도 솟아날 구멍이 있는 법이니 설마한들 죽기야 하오리까? 제발 덕분에 가지 마오. 병영 영문 곤장 한 대 맞고 보면, 평생 골병이 든답디다. 영감, 불쌍한 우리 영감, 가지를 마오, 가지 마오, 불쌍한 영감아, 가지를 마오, 매품팔이 웬 말이요.?"아무리 만류하되 흥부가 듣지 아니하고 감영으로 내려가더니, 아니 되는 놈은 자빠져도 코가 깨진다고 했던가!

"어느 놈이 내 손에 곤장 열 개 맞고, 돈 삼십 냥 짊어지고 벌써갔소,"

흥부가 기가 막혀, 매 맞으러 갔는데도 재앙이 붙어 매품도 못 팔고 돈 걱정을 하다 집에 다다랐다.]

7. 곡식을 얻으러 갔다 매만 맞은 흥부

[“아이고 영감, 부질없는 청렴 자랑 말고 처자식들 굶겨 죽이겠으니, 아주버니 집에 가서 쌀이든 벼든 무엇이든 얻어오시오.”

“형님이 먹을 것은 안 주고 보리타작하듯이 몽둥이 타작을 하시면 어떻게 한단 말이오.’

흥부가 형의 집에 건너갈 때, 옷은 남루하지만, 양반의 행색을 갖췄다. 놀부는 흥부가 떠난 뒤로 더 구두쇠가 되었다. 제삿날이면 접시에다 엽전을 한 주먹씩 담아 놓고 ‘이건 밤, 대추 살 돈이요, 이건 조기 살 돈이요.’라고 전부 다 종이를 붙여 놓고 제사를 마치면 돈을 다시 궤짝에 넣는다. 이런 구두쇠가 아우 흥부한테 곡식을 줄 리가 있겠는가?

흥부가 뜰 아래서 문안하니“네가 누군지?”

“내가 흥부요.”

놀부가 "흥부가 누구 아들인가?"라고 대답한다.

"애고 형님 이것이 웬 말이요. 비나이다, 형님 전에 비나이다. 세끼 굶어 누운 자식 살려낼 길 전혀 없으니 쌀이나 벼나 못 갚을 리가, 부디 옛일을 생각하여 사람을 살려주오."

놀부가 성낸 눈을 부릅뜨고 호령한다.

"너도 염치없다, 네 복을 누구를 주고, 나를 이리 보채느냐, 살이 있다 한들 너 주자고 노적 헐며, 돈이 많이 있다 한들 괴목궤 문을 열겠느냐, 염치없다 흥부놈아,"

놀부가 주먹을 불끈 쥐어 흥부 뒤꼭지를 꽉 잡으며, 박달나무 몽둥이로 냅다 쾅쾅 두드린다. 흥부가 형의 집에 곡식 얻으러 왔다가 몽둥이만 맞고 비틀걸음으로 형수한테 걸어간다.

형수는 밥 푸던 주걱을 들고나오며 뺨을 짐짝 치듯 한다.

"아주버니고 뭐고 간에 돈 달라, 쌀 달라, 언제 재산 갖다 맡겼던가? 아나 밥! 아나 돈!"

흥부는 형님한테 맞은 매가 오히려 괜찮더라.]

8. 도승이 흥부 집터를 잡아주다

[형수의 밥주걱으로 흥부가 뺨을 맞고, 서러워 아내 손을 잡고 박복한 신세를 한탄하며 울 때, 중 하나가 집 앞을 지나간다. 이집 저집 다 지나고 흥부 문전에 이르러 울음소리 한참 듣다 목탁을 두드리면서 "거룩하신 댁 문전에 걸승 하나 왔사오니, 동냥 조금 주옵소서."라며 절을 두 번 한다.

"스님 집을 한번 둘러보시오. 집안에 아무것도 없으니 동냥 한 줌 드릴 게 없어 죄송합니다. 다음에 오시면 그때는 꼭 드리겠습니다."

"내 동냥하러 온 게 아니라 집 앞을 지나다 들으니, 울음소리가 죽게 생겼는고로, 그 이유를 알고자 왔나이다."

"부끄러운 말이지만 굶다 못 견디어 할 수 없이 식구들이 모두 죽기로 작정하고 우는 길이요."

"어허, 참으로 불쌍하오. 내 동냥하는 중이라 아는 건 없지만, 내 뒤를 따라오면 집터 하나를 잡아 주리다."

대사가 이 모퉁이를 지나고, 저 모퉁이 지나서 한 고개를 넘어가더니마는, 사방을 둘러본다.

"여기 이 명당을 아시오. 뒤쪽에는 산이 있고, 앞에는 물이 흘러, 나무가 풍성히 두른 곳이 좋은 집터이외다. 이 명당에다. 집을 지으시되, 북쪽을 등지고 남쪽으로 문을 내어 대강 집을 지으시면, 내년 팔월 십오 일 억십만 금 부자가 될 것이요. 삼대가 진사 벼슬하고, 오대가 과거 급제할 명당이 확

실하니, 그리 알고 명심하오."

기둥 자리에 막대를 꽂아 놓고, 한두 걸음 나가더니만 홀연히 간 곳이 없구나.

그제야 흥부가 도승인 줄 알고, 하늘 향해 땅을 향해 무수히 절을 한다.

있던 집을 헐어다가 그렁저렁 집을 짓고 살아가니 차츰 살림이 나아졌다. 정월, 이월, 삼월이 돌아오니 산수 경치 매우 좋네!]

8번째 안내판을 뒤로하고 아영면에 도착했다

여기까지 흥부 대박길 안내가 끝난 것 같아 섭섭했다. 미완성이라고 할까.

"할머니 여기서 흥부전이 끝나는 건가요?"

"아니지, 절정은 맨 끝부분에 나오지. 흥부가 고생 끝에 집터를 마련해서 살게 되었어. 그곳이 아영 성리마을이고 흥부전에서는 복덕촌이 라는 곳이지"

"마지막이 궁금해요."

"대사가 잡아준 집터에 집을 짓고 어렵게 살아가는 흥부네 집에도 봄이 돌아왔어. 따뜻한 남쪽 나라에서 제비 한 쌍이 날아와 집을 짓고 새끼를 낳고 살았어. 처마 밑 제비집에 어미가 물고 오는 먹이를 기다리던 새끼들이 구렁이에게 잡아먹힐 위기에 처했어. 그 순간 흥부가 새끼 제비를 구하려다 제비가 둥지 아래로 떨어졌어. 착한 흥부는 마당에 떨어져 다리가 부러진 제비의 다리를 묶어주고 잘 돌봐주었지. 가을이 되어 남쪽 나라로 돌아갔던 제비가 봄이 되어 다시 돌아왔어. 제비는 박씨 하나를 입에 물고 온 거야. 흥부는 그 박 씨를 잘 심어 가을에 초가지붕 위로 올라간 박넝쿨은 보름달보다 큰 박이 주렁주렁 열렸지.

흥부와 부인은 커다란 박을 따며 슬겅슬겅 톱질했지. 첫 번째 박에서는 온갖 명약이 나왔어. 흥부는 밥보다 못하다며 실망했지만, 돈으로 살 수 없는 귀한 것이었지. 두 번째 박에서는 각종 살림살이와 동몽선습, 논어, 맹자와 같은 책이 쏟아져 나왔어. 세 번째 박에서는 수천 석에 이르는 곡식, 돈, 비단, 온갖 의복류 등이 산더미처럼 쏟아져 나왔어. 그리고 집을 지어 주는 목수도 나왔고, 흰쌀도 무더기로 나왔어. 흥부네는 큰 부자가 된 거야.

그 소식을 들은 형 놀부도 제비 한 마리를 잡아 다리를 부러뜨리고 흥부처럼 치료해주었지. 다음해에 제비가 물고 온 박 씨를 심었지. 가을에 익은 박을 타보니 박 속에서 온갖 더러운 것들이 나오고, 무서운 사람들이 나와서 놀부가 곤경에 처하게 되었어.

소식을 들은 흥부는 형을 찾아가 위로하고 재산

도 나누어 주고 형제간에 우애 있게 살았다는 얘기야.

“흥부는 그 많은 재산을 어떻게 했어요?”

“어려운 사람들에게 나눠주고 좋은 일에 썼을 거야! 흥부는 꿈을 이룬 사람이지. 행복을 나누고 싶은 꿈.”

“형님이 흥부를 쫓아냈기 때문에 이런 꿈같은 일이 일어난 거네요.”

“맞다! 전화위복!”

“착하게 산 흥부는 하늘로부터 복을 받고, 심술보 놀부는 벌을 받은 얘기라고 할 수 있어. 권선징악(勸善懲惡)의 교훈을 주는 이야기야.”

평소보다 말씀을 많이 하시는 할아버지는 기분이 좋으신 것 같아 나도 기분이 좋다.

“종두득두(種豆得豆) 콩 심은 데 콩이 난다. 원인에 따라 결과가 나온다는 고전소설이지.”

할머니도 뒤질세라 한마디 하신다.

할아버지는 귀가 따갑도록 한문 공부를 하라고 하시고, 할머니는 책을 많이 읽으라고 하신다. 나는 핸드폰이 더 재미있는데…….

흥부전의 발생지가 할머니 어릴 적 살던 고향 집 뒷산 옆 성산리라는 사실이 매우 흥미롭기만 하다. 더 재미있는 일은 할머니 집 뒷산이 대박길의 시작이다.

할머니가 태어난 집 처마 밑에 집을 지었다는 제비, 제비 새끼를 손바닥에 올려놓고, 노란 입을 벌리던 제비 새끼, 엄마 제비에게 먹이를 받아먹는 모습을 보고 싶다. 그 많던 제비는 다 어디로 간 걸까?

어미 제비가 새끼에게 먹이를 먹여주는 걸까? 새끼가 어미 입에 물고 온 먹이를 꺼내먹는 걸까? 그것도 궁금하다.

"선아야! 우리가 오늘 걸었던 고진감래(苦盡甘來) 길은 고생 끝에 즐거움이 온다는 말이란다."

또 한문이다.

흥부 대박길을 걸으며 할아버지가 한문 공부하라고 하신 이유를 알 것 같다.

나는 이 길을 걸으며 고생길이라 생각하고, 할아버지는 대박길, 할머니는 희망길이라 하시는데, 정말 알쏭달쏭한 길이다.

흥부처럼 나도 대박 나는 여름방학을 보내고 싶다.

* 전북 남원시 인월면 성산리(용주마을)에서 남원시 아영면 성리까지 인월면 용주마을 국도 24번 도로 옆에 흥부가 형 놀부에게 죄인처럼 무릎을 꿇고 그 옆에는 올망졸망한 흥부 자녀들이 서 있는 조형물이 보인다. 흥부는 착하고 선하게 산 사람의 본이 되는 사람이었다. 가여운 제비 다리를 고쳐주고 하늘로부터 큰 재물과 복을 받은 얘기다. 팔랑치 고갯마루 옆에 놀부와 흥부의 출생지인 인월면 성산에 흥부마을이 있다. 용주산에서 시작되는 대박길은 흥부가 복을 받은 아영면 성리마을까지 이어지는 길이다.

흥부전의 시작 지점인 첫 구간인 고난 길은 인월면 성산리부터 인월면 자래리까지 4.65km이며 두 번째 구간인 희망길은 자래리부터 아영면 갈계리까지 3.25km, 세 번째 구간인 고진감래 길은 아영면 갈계리부터 아영면 성리까지 6.10km 조성된 길이 14km이다.

남원시는 판소리 흥보가와 고전소설 흥부전의 흥부 발생지 인월 성산마을과 복을 받은 발복지 아영 성리마을까지 흥부전의 배경지를 탐방로로 조성했다. 흥부의 오르막과 내리막의 힘든 여정을 통해 인생의 의미를 깨닫게 하는 길이라 추천하고 싶은 길이다.

남원 흥부 대박길

김복임 동화집

꽃샘

초판 1쇄 발행 2024년 12월 20일

지은이 김복임
펴낸이 이길안
펴낸곳 세종출판사

주소 부산광역시 중구 흑교로71번길 12 (보수동 2가)
전화 051－463－5898, 253－2213~5
팩스 051－248－4880
전자우편 sjpl5898@daum.net
출판등록 제02-01-96

ISBN 979-11-5979-741-5 73810

정가 10,000원

이 책은 2024년 남원시 지역문화 예술지원사업 지원금으로 발행되었습니다.